문예신서
2009

머리는 좋은데, 노력을 안 해요

장 릭 오베르

박선주 옮김

東 文 選

머리는 좋은데, 노력을 안 해요

Jean—Luc Aubert
Intelligent mais peut mieux faire

© Éditions Albin Michel S.A., 1999

서 론

난감하게 하는 지적들이 몇 가지 있다. 예를 들면 "똑똑하지만, 좀 더 잘하길 기대합니다"와 같은. 이런 얘기를 한 번도 읽거나 들어보지 못한 사람이 누가 있겠는가? 보통 이러한 지적은 초등학교 교사가 학생의 공책 여백에 미심쩍어하며 적어 주는 것이다.

더구나 이러한 지적은 자녀에 대해 다음과 같이 말하는 부모의 견해와도 비슷하다. "애가 머리는 좋은데, 노력을 안 해요." 또는 "딴 데 한눈 팔지 않고, 좀더 관심을 갖고 의욕적으로 하면 더 잘할 겁니다."

여기서 교사와 학부모의 평가가 일치한다. 학생 또는 아이가 머리는 좋은데도 그에 걸맞게 최선의 성과를 거두지 못했다. 특히 성적이 때맞춰 오르지 않았다. 어떤 면에서는 재기발랄해 보이는 아이에게 기대할 수 있는 만큼의 성적이 오르지 않는다는 얘기다.

따라서 다음과 같이 자문하게 된다. 아이가 영리하지 못한가? 무엇 때문에 아이가 공부를 못하지? 어째서 흥미를 갖지 못할까? 어떻게 하면 아이를 도와줄 수 있을까? 도와주는 게 가능할까? 가능하다면 어떻게 도와주어야 할까?

이 책은 이러한 의문들에 답을 제시하고자 하며, 필자는 단언할 수 있다. 성공하기 위해선 머리가 좋은 것만으로는 충분하지 못하다. 아이들에게서와 마찬가지로 어른들의 직장 생활에 있어서도 이것은 사실이다. **지능은 필요 조건이지만 충분 조건은 아니다.** 지성을 발휘하는 데 있어서 정서가 방해될 수 있음을 이 책 전체를 통해 살펴볼 수 있을 것이다.

 사실 지능에 대해 묻지 않고서는 지능의 실효성에 대해서도 의문을 제기할 수 없다. 이 책을 읽는 젊은 부모들은 자녀의 지능이 형성되고, 학교와 직장에서 효력을 발휘하게 하는 감정적이고 교육적인 다양한 측면들을 발견하게 될 것이다. 학교에서의 성공에 관한 문제 이면에는 언제나 전체적인 행복의 문제가 놓여 있음을 나는 잘 안다. 여기에는 오늘의 행복뿐만이 아니라 내일의 행복도 포함된다. 물론 나는 이것을 소홀히 생각하지 않는다. **균형잡힌 지능은 개인적 행복의 열매이다. 그것은 결과일 따름이지, 결코 원인이 아니다.** 따라서 아이의 지능에 대해 말한다는 것은 그것과 함께, 그리고 우선적으로 아이의 성숙에 대해 말하는 것이다.

I

당신 아이의 지능

지능이라는 것은 없다

분명 놀랐을 것이다. 고의로 도발적으로 표현한 제목이다. 그럼에도 불구하고 이것은 사실이다. 지능이라는 것은 존재하지 않는다. 천부적인 지능이란 없다는 뜻이다. 만일 지능이라는 것이 존재한다면, 그 자질을 부여받은 행복한 수혜자는 모든 상황에 적응하고 모든 문제들을 해결하며 모든 대립들을 종결시키고 모든 자료들을 간파하는 등의 일을 할 수 있을 것이다.

그 누구도 언제나 어떤 상황에서든 적용할 수 있는 능력을 과시할 수 없을 것이다. 보주의 현악기 제조인은 방데의 기계공, 알자스의 제빵사, 브르타뉴의 수학자처럼 각자의 직업에 맞는 지능을 갖고 있다. 각각의 지능에 맞는 지능들의 '자격증'이 있다고 할 수 있다.

미국의 하워드 가드너 교수[1]는 이 지능을 일곱 가지로 구분한다. 그에 따르면 지능에는 언어 지능·음악 지능·논리수학 지능·공간 지능·신체 운동 지능·자기 이해 지능·대인 지능이 있어 각각의 지능들이 특정한 활동들을 담당한다.

---

1) 하워드 가드너, 《지능의 양상들 *Les Formes de l'intelligence*》, Odile Jacob, 1997.

지능의 개념과 관련해서 종종 이론의 여지가 있는 것은, 아마도 'intelligentia' 라는 단어의 창시자인 키케로의 탓으로 돌려야 할 것이다. 난처하게도 그는 이 단어를 단수로 만들어 냈다. 만약에 복수형으로 만들었다면, 이후의 악습과 잘못된 해석·판단들을 피할 수 있었을 것이다.

지능을 말할 때는 다수의 지능들, 특수한 지능들, 개별적인 지능들이라 말하는 게 훨씬 정확하다. 따라서 아이의 지능에 대해 말한다는 것은 다음과 같은 사실에 근거를 둔다. 즉 개개인은 자기에게 맞는 어떤 지능을 소유하고 있다. 개인은 그 지능으로 인해 확실히 다른 어떤 활동보다 그 지능에 맞는 활동을 할 수 있다. 어떤 한 지능을 다른 지능들보다 우위에 두는 것은 또 다른 논쟁을 부를 수 있다. 비뚤어진 이데올로기 논쟁은 말할 것도 없이, 저것이 아닌 이것과 관련된 지능에 적합한 사회문화적인 가치 논쟁 말이다.

시간적·사회문화적 지능의 개념과 관련해서 하워드 가드너는 다음과 같은 정의를 제시한다. 곧 "지능을 갖추었다는 것은, 문제를 해결하고 다양한 문화적 배경 속에서 가치가 있는 산물들을 생산할 수 있다는 것이다." 여기에 '당대에 가치가 있는'을 덧붙일 수 있을 것이다. 그러나 이러한 정의에는 지능을 규정하는 데 있어서의 온갖 모호함과 어려움이 잘 나타난다. **지능을 정의하려 할 때마다 거기에 가치판단이 들어가서, '좋은' 지능과 '나쁜' 지능으로 구분하게 된다.** 수십 년 전부터 육체 노동과 관련된 지능과 비교하여 정신적 지능에 더 높은 가치를 부여하는 것은, 수세기 동안 '육체노동자들'이 가난하고 거의 존중받지 못했기 때문일 것이다. 하지만 19세기말까지 프랑스 인구의 10분의 9가 농업에 종사했으며 대개 가난했다는 사실을 잊지 말

자. 18세기말까지 프랑스 인구의 10분의 9가 피지배자였다는 등등의 사실도 잊지 말자.

지능을 정의하는 다양한 시도들 뒤에는 언제나 가치평가가 포함된 사회도덕적 내포가 있었고, 또 지금도 그렇다는 사실을 우리는 잘 안다. 실제로 지능은 하나가 아니라 여러 가지가 존재한다. 그리고 불행히도, 어느 주어진 시기에 사회문화적으로 크게 또는 적게 가치평가가 된 지능들이 존재한다(앞으로도 그럴 것이다).

당신의 자녀에게는 어떤 유형의 지능을?

숙고의 단계에서 부모들은 다음과 같은 의문들을 가질 것이다. 즉 내 아이가 현재는 물론 앞으로도 성공하기 위해서는 어떠한 유형의 지능이 필요한가?

현재와 미래에 당신 아이의 지능이 효과적이기 위해서, 지능은 다음 네 가지 조건들을 갖추어야 한다.

— 생리적 조건.
— 감정적 조건.
— 교육적 조건.
— 특수적 조건.

□ 생리적 조건

이것은 지능의 유기적인 기초이다. 간략하게 말해 이것은 세포들을 서로 연결하는 연접부,[2] 신경조직의 풍부함과 질로 나타난다고 할 수 있다. 시냅스가 많을수록 지능의 생리적 가능성이 많이 충족된다. 신경세포들의 연접부 혹은 시냅스는 주로 유아기 때 풍부해진다. 배열된 신경망의 효율성은 이른바 IQ 측정이라는 지능 테스트로 평가된다. 이것에 대해서는 다시 언급할 것이다.

□ 감정적 조건

어떤 아이가——또는 어떤 성인이——자신의 생리적 지능을 사용할 수 있기 위해서는, 지능을 사용할 수 있게 하는 감정적인 조건이 필요하다. 이러한 측면은 알려지지 않았거나 종종 소홀히 여겨져서——심지어 때로는 교사들에 의해서——많은 오해를 불러일으킨다. "똑똑한 아이인데…… 결과가 좋지 못해요"라는 말을 우리는 얼마나 자주 듣는가? 그 똑똑한 아이는 자신의 지능을 사용하지 못하고 있는 것이다. 내면에서 의식과 무의식의, 현재와 과거의 갈등을 겪고 있기 때문이다. 어른들을 예로 들어 볼까? 운전할 때 운전법과 도로교통법을 완벽히 안다고 해서 결코 실수를 저지르지 않을까? '영리한' 행동이 '어리석어' 지는 데에는 '딴 생각' 을 하는 것으로 충분하다. 우리는 화가 났을 때 '생각과는 다른' 말을 하는 경우가 전혀 없는가? '바보 같은' 행동을 하지 않는가? 우리가 '바보 같은 말' 과 '어리석은 행동' 을 하게 하는 것의 근원은 현재의 근심과, 어떤 하찮은(우리 자신에게는 아니지만 다른 사람들에게는) 사건이나 말 때문에 되살아난 과거의 불안에 있다. 얼마나 많은 '영리한' 사람들이 이따금씩 '터무니없는' 행동들을 하는가? 그들에게는 감정적인 것이 지능보다 우위에 있다. '딴

---

2) '시냅스' 라 하기도 한다.

생각을 할 때'라는 상자 글은 감정이 지능보다 우위에 있을 때의 또 다른 행동들을 잘 보여준다.

따라서 아이가 자신의 지능을 최고로 사용하기 위해서는 감정적 조건들이 견고해야 한다. 어떻게 하면 아이에게 감정적 조건들을 부여하고 보존할 수 있는지 V장에서 살펴보게 될 것이다.

□ 교육적 조건

의외일 수도 있겠지만 교육적 조건은 지능에, 어쨌든 어떤 유형의 지능에 영향을 미친다. 학업과 관련된 지능, 일반적으로 오랜 학습을 요하는 모든 지능들에 영향을 미친다.

교육적 조건이 이해력에 영향을 미치는 것은 욕구불만을 배우기 때문이다. 배운다는 것은 욕구불만을 받아들인다는 것이다. 배우는 것을 좋아하는 사람은 아무도 없지만, 모두가 알고 싶어한다. 교육을 통해 정상적인 욕구불만을 극복하는 법을 배운 사람은 이것을 배우지 못한——또는 극복하지 못한——사람보다 더 쉽게 배울 것이다. 교육적 조건이 지능에 미칠 수 있는 중요한 영향에 대해 VI장에서 좀더 자세히 살펴볼 것이다.

□ 특수적 조건

알쏭달쏭한 이 조건에는 보다 전문화된 능력에 필수적인 요소들이 숨어 있다. 생리적('인지적'이라고도 할 수 있다)·감정적 조건들이 지능의 기본 요소들이라고 결론지을 수 있다면, 어떤 지능들에는 특별한 능력이 요구된다. 일례로 아주 실력 있는 피아니스트에게는 즉석에서 악보를 읽고 연주하는 일을 가능케 하는 정신 운동의 완벽한 연계가

딴 생각을 할 때

똑똑한 사람들이 여기저기서 '터무니없는' 덫에 걸리는 것을 보고 놀랐던 경험이 없는 사람이 누가 있겠는가?

똑똑한 사람은 가장 단순한 말과 생각의 덫에 아주 쉽게 걸릴 수 있다. 더욱이 인간 관계에서 감정적인 결핍이 있을 경우, 혹은 가족이나 어떤 사회단체에 대한 소속감이 없을 때는 더 쉽게 걸려든다. 이러한 사람은 감정 및 인간 관계, 소속감에서의 공백에 사로잡히게 된다. 지능이 어떻든간에 그의 정신적 삶에 필수적인 욕구가 채워지지 못할 것이기 때문이다. 중요한 것은 감정 및 인간 관계, 소속감과 관련된 욕구는 정신적으로 대단히 중요하기 때문에 지적 욕구보다 훨씬 강하다는 사실이다. 결국 감정적 욕구가 지적 욕구보다 우위에 있는 것이다.

또 다른 예를 들어 보면, 당신들과 나를 포함한 우리 모두는 어느 특정한 유형의 언어적 지적에 민감하다. 따라서 타인이 하는 어떤 말에, 당신은 당신의 지능과는 상관없이 지나치게 반응할 수 있다. 일종의 공격으로 생각할 것이기 때문이다. 자세한 설명이 필요하다고? 그 지적으로 인해 당신 마음속 깊이 있던 감정적 고통이 다시 살아나는 것이다. 그것은 어떤 불안일 수도, 자기 도취적인 마음의 상처일 수도, 어떤 결핍일 수 있다. 치유되지 못한 그 상처는 공명상자가 되어 당신의 반응을 증폭시킬 것이다. 당신의 감정이 지성보다 우위에 있는 것이다. 일단 안정을 되찾게 되면, 당신은 이전의 지나친 태도에 스스로 놀랄 것이다. 그럼에도 불구하고 어떤 이들에게 상처는, 그 계기들이 겉으로 볼 때 하찮더라도, 뿌리 깊은 앙심을 낳을 수 있다. 그 계기들은 그와 같은 고통을 겪지 않은 타인들에게만 하찮을 뿐이다.

필요하며, 이와 동시에 특수한 손가락 기교도 필요하다. 그것은 생리적·감정적 자질을 넘어선 특수한 자질로서, 그것을 지닌 사람을 다른 사람들보다 더 재능 있는 피아니스트로 만들어 준다. 이 특수한 조건은 기본적으로 타고나야 하지만, 훈련과 반복된 학습을 통해 향상될 수 있다.

특수한 조건은 특별한, 대개 매우 전문적인 능력과 더 많이 관계가 있기는 하지만, 당신 아이의 지능이 생리적·감정적·교육적으로 좋은 조건들을 가지고 있다면 훨씬 더 효과적일 것이라는 점을 알아야 한다. 지적 효율성 외에 이 조건들이 제대로 부여된다면, 당신의 아이는 차분하고 자기 자신은 물론 다른 사람들과도 잘 지낼 것이다. 이 조건들은 건강한 육체 속에 건강한 정신을 부여할 것이다. 이것이 모든 훌륭한 지능과, 또 어떤 면에서 모든 '훌륭한' 교육의 궁극 목적일 것이다.

행복한 지능을 위해서

몇 가지 주의사항 없이 지능의 문제를 다루기란 불가능하다. 명확히 밝히는데, 이 글의 목적은 모든 부모들이 자녀들의 지능을 보다 잘 이해하고 자녀들이 지능을 좀더 효율적으로 발휘하도록 도와주는 일에 동행하는 것이다. 자녀를 영혼도, 생기도, 기쁨도 없이 생각하는 멋진 기계로 만들려는 것은 결코 아니다.

많은 아이들의 삶을 날마다 관찰하고 살펴보는 나는 '행복한' 지능과 '불행한' 지능들이 있다는 사실을 분명히 본다. 좀더 자세히 말해 차분한 성공과 소극적인 성공이 있다는 말이다. 이 말의 뜻은 간단하다. 아이의 차분한 성공은 지적인 측면뿐만이 아니라 사적인, 그리고 인간 관계에서의 충족을 포함한다. 급우들과 함께 놀고 즐기며 학업에서 좋은 성과를 보이는(꼭 1등이어야 할 필요는 없다) 행복한 아이의 이미지가 떠오를 것이다. 소극적인 성공은 학교에서는 매우 우수하지만 놀이에서 기쁨을 느끼지 못하고 친구들이 없는 아이로 설명될 수 있다. 상상할 필요는 없다. 그런 유형의 아이들이 존재하며 내가 알고 있으니까. 다비드라는 아이도 그 중 하나이다.

벗어나기 위해 잘 해내는 다비드

다비드는 중산층 가정의 어린 남자아이다. 다섯 살이 조금 넘었고, 당연히 유치원에 다닌다. 하지만 유치원에 다니는 다른 보통 아이들과 같지 않다. 벌써 읽고 셈을 할 줄 알기 때문이다. 더구나 좀 시간이 흐른 뒤에 아이의 어머니가 알려 주었는데, 아이는 두 살 때 이미 알파벳을 알았다.

실제로 이 아이는 글을 읽는다. 하지만 진정한 즐거움을 느끼지 못하며 읽는다. 정말로 아이는 셈을 안다. 하지만 열의를 가지고 하지 않는다. 읽기 위해 읽고 세기 위해 셈을 하는 듯하다. 두 가지 다 어떤 공백을 메우려고 하는 듯하다.

이 아이는 내 앞에서 얌전하고 약간 근엄한 태도를 보인다. 아이는 내 질문에 열의 없이 대답한다. 아이는 해야 하기 때문에 하고, 먼저 얘기를 꺼내는 법이 없다. 전반적으로 아이는 편해 보이지 않았다. 의자에 앉아 계속 움직이며, 완전히 긴장하지도 긴장을 풀지도 않는다. 아이의 필적에 아이의 상태가 그대로 드러난다. 경직되었고 신경질적이며 단속적이다. 실제로 아이 자신과 감정적인 생활에 대한 말이 상당히 빈약한 것으로 드러났다. 아이는 글을 읽지만 자신의 아빠와 엄마가 하는 일을 정확히 알지 못하고, 형이 몇 학년인지도 모른다.

취학 이전의 학습 성취도——유치원을 마칠 때 일반적으로 하는 ——테스트 결과는 아주 좋다. 그럼에도 불구하고 능력들이 고르지 못하다. 아이는 마름모꼴(일고여덟 살경에 알게 되는 단어)이 뭔지 알지만, 어떤 모형을 규칙적이고 반복적으로 되풀이하는 것을 따분해한다. 아이는 중장기적으로 주의와 집중을 요하는 것보다 즉각적인 질문과 답변을 주고받는 것을 훨씬 쉬워한다.

상냥하고 주의 깊은 교사가 유치원에서 아이의 태도를 다음과 같이 묘사한다. 아이는 즐거워하지 않고 합니다. 가끔 간단한 질문들을 이해하지 못하는데, 이보다 더 복잡한 질문들에는 쉽게 대답을 합니다. 아이는 즐거워하지 않고 읽는데, 이야기책을 읽어 주면 멍하니 별 흥미를 갖지 않고 듣습니다. 또래 아이들과도 잘 지내지 못합니다. 아이는 놀이에 함께하지 못하고, 지기를 싫어합니다. 친구도 거의 없고 외따로 있습니다.

집에서는 '끊임없이 질문하는' 아이라고 아이의 어머니는 말한다. 아이는 모든 것을 알고 확인하고 이해하고 싶어한다. 이 아이는 한 번의 유산 뒤에 태어났는데, 임신 초기 세 달 동안 어머니의 상태가 몹시 불안정했다. 어머니 역시 약간 불안해서, 어떤 면에선 그녀도 어떤 공백을 메우려는 듯이 많은 말을 빠르게 한다. 마치 침묵이 그녀를 불안하게 하는 듯이.

이 아이에게 어떤 일이 있었는가? 매우 불안해하는 아이는 모든 것을 제어하고 알고 싶어하기 때문에 안심시켜야 한다. 이 아이는 더 이상 미지의 것 속에 있지 않기 때문이고, 미지의 것은 불안의 원천이기 때문이다. 아이가 질문을 하는 일은 당연하지만, 같은 질문을 반복하고 너무 많이 하는 것은 정신적인 불안을 보여준다. 이러한 지적 경주는 제 나이에 맞는 어떤 활동들을 한쪽으로 제쳐두게 한다. 이것으로 아이의 여러 능력들에 있어서의 부조화가 설명된다. 이 아이는 제 또래의 아이들이 모르는 것들을 많이 알지만, 몇몇 활동들에서는 몹시 서툴다. 그리고 아주 잘 놀지 못하므로 좋은 친구가 못 된다. 아이의 감정적인 문제로 인한 인간 관계에서의 문제가 아이를 불안하게 한다. 그래서 아이는 이기지 못하면 더 이상 상황을 통제하지 못하고 화를 낸다. 이때 자신의 별로 좋지 못한 면을 보는 친구들에게도 화를 낸다.

다비드의 이른 글자 터득은, 아이 인격의 다른 측면들이 그만큼 만족스럽지 못한 것을 고려할 때 안정되지 못하다. 아이는 불안해하고, 인간 관계에서는 또래들과 문제가 있다. 앎에 대한 열정적인 욕구에서라기보다 불안에 대한 방어 수단에 해당한다는 점을 고려할 때, 아이의 '글자 터득'은 오히려 신경증적인 성격을 띤다. 엠마뉘엘 무니에가 다음과 같이 지적하듯이[3] 말이다. "융과 아들러는 앎 등에 따르는 불안에 대응하는 보호 기능을 강조했다. 우리는 어떤 지적인 것을 구상할 때 사물들에 대한 심오한 어떤 구성을 발견하게 될지, 또는 우리의 무지에 대해 안심하려고 노력하게 될지 처음에는 결코 알 수 없다."

---

3) E. 무니에, 〈활동에서의 지능 L'intelligence à l'action〉, 《성격 개론 *Traité du caractère*》, 1948.

그러므로 제기되는 문제는, 어떻게 하면 지적인 것에 지나치게 열중하는 함정에 빠지지 않는가이다. 더 간단히 말하면 다음과 같다. 즉 어떻게 하면 걱정 없고 즐거운 유년기를 놓치지 않게 하면서, 아들 또는 딸의 지능을 활발히 계발할 수 있는가? 교육상담원의 일은 지식에 대해 신경증적으로 과도하게 열중하는 여러 아이들을 만날 수 있게 한다. 이런 아이들에는 두 부류가 있다.

— 다비드와 동일한 조건을 가졌고 지식을 통해 불안을 다스리려 하는 아이들. "많이 알면 알수록 나의 불안감이 없어질 거야. 모르는 것들이 나를 불안하게 하니까……."

— 자기 중심적인 부모에게 받은 상처로부터 배상받으려는 아이들. 부모들이 원했지만 성공하지 못한 분야에서 성공하라고 부모들에 의해 떠밀린 아이들 말이다. 이러한 아이들은 자신들의 성공을 통해서 부정적인 부모의 이미지를 바로잡는다. 너무 일찍 떠밀리고 과도하게 자극을 받은 아이의 전형적인 경우인데, 이러한 아이들에게는 지적이고 문화적이고 학교 공부와 관련된 모든 것들이 신체 활동과 놀이, 사교적인 것들 위에 있다.

부모의 죄의식을 해결하기 위하여

분명히 해두어야 할 사항이 있다. 아이들이 자기 중심적인 부모로부터 받은 상처를 바로잡는다는 말은 부모들에게 잘못이 있다는 뜻이 아니라, 불행히도 부모들이 그러한 상처를 받았고 또 여전히 받고 있으며 자녀들을 통해서 그 상처를 보상받으려 하고 있다는 사실을 지적하려는 것이다. 그러한 상처는 대개, 아니면 언제나 무의식 속에 남아 있기 때문에 이러한 지적이 더욱더 현실성이 있을 것이다. 이렇게 명시하는 것은 부모의 죄의식에 관한 문제에 신경을 쓰는 게 중요할 듯하기 때문이다.

우리의 관점에서 볼 때 오해가, 아마도 서툶이 너무 많이 있었다(지금도 그렇다). 겉으로는 '끔직해' 보이는 부모들일지라도 모든 부모들은 할 수 있는 한 최선을 다해 부모 역할을 한다. 모든 부모들이 말이다. 심리학자가 볼 때는 나쁜 부모도 좋은 부모도 없다. 자신의 아이들에게 필요한 감정적 · 교육적 · 문화적인 요소들을 모두 해줄 수 있는 행운이 있는, 또는 없는 부모들만이 존재한다. 자신의 아이를 학대하는 부모라는 극단적인 경우를 생각해 보자. 만일 그들이 그렇다면 그것은 그들의 내력과 경험이 그렇게 이끌어 갔기 때문이다. 플라톤은 이미 다음과 같이 지적했다. "자발적으로 나쁜 사람은 아무도 없다."[4] 하지만 사람들의 무의식이 그렇게 만들 수 있다.

이 말은 아무것도 할 필요가 없다는 뜻이 아니다. 정의가 작용할 수 있고 또 그래야 한다. 아동은 존중받을 권리가 있기 때문이고, 또 그 권리를 보호해 주는 것이 정의의 역할이다. 그리고 심리학자의 역할은 부모와 아이를 도와주는 것이다. 가능하다면 현재 자신의 상태와 자신을 그렇게 이끈 것과 그 상태를 극복하는 일에 대해 인식하고 있는 부모들을 돕는 것이다. 실제로 어떤 부모들의 과거는 너무 벅차서, 방어 본능이 너무 강하고 타인에 대한 불신이 너무 커서 목적을 이루기 불가능한 상태에 있기도 하다. 인간적으로 그들을 비난할 수 있을까?

---

4) 플라톤, 《고르기아스 *Gorgias*》.

극히 폭력적인 부모들의 예는, 모든 부모는 자신이 갖고 있는 대로만 할 수 있고 받은 대로만 줄 수 있다는 사실을 우리가 잘 알고 있음을 보여준다. 그리고 이러한 의미에서, 매우 상징적이고 피상적으로 이것은 '아담과 이브의 탓' (상자 글 참조)이라고 할 수 있다.

좀더 진지하게 말해, 우리는 부모에게 정신적으로 전혀 잘못이 없다고 하며 운명론적인 보고를 하자는 것이 아니다. 부모들을 도와주고 치료하며, 그들이 어려움을 극복하는 데 함께해 주고 도와주는 일을 맡은 우리 전문가들이 볼 때 그렇다는 얘기다. 이것은 모든 가치 판단을 배제한다면 규정할 수 없는 우리의 일에 대한 정의 그 자체이다. 한편, 여기 언급된 대다수의 전형적인 예들이 무겁기는 하지만, 아주 다

그것은 아담과 이브의 탓이다!

'되풀이 과정' 이라는 것은 정신분석가들에게는 잘 알려진 것이다. 이 과정을 통해 우리들 각자는 자녀들과의 관계에서 자신이 겪었던 것을 재현한다. 이러한 재현은 일치할 수도("내 아이를 내가 자란 방식대로 키운다"), 또는 반대될 수도("내 아이는 절대로 나와 같은 유년기를 보내지 않길 바란다") 있다. 이것은 우리 모두가 어느 정도씩 빠지는 함정이다. 문제는 그것이 의식적이기보다는 무의식적인 기제에 훨씬 더 부합한다는 데 있다. 따라서 내가 내 아이를 그런 방식으로 키우는 것은 그러한 부모의 모델을 직접 보았기 때문이다. 그리고 나의 부모가 나를 그런 방식으로 키운 것은 그들도 역시 비슷한 방식으로 양육되었기 때문이다. 조부모들도 그들의 부모에게서 그런 식으로 교육받았기 때문이고. 이렇게 계속하여 필연적인 귀결로 끝까지 올라간다면, 우리는 불완전한 교육의 진정한 책임을 아담과 이브에게 돌릴 수 있다!

행히도 대부분의 사례들은 그렇게 비참하지 않으며 개인적인 성찰로 나아질 수 있는 것들이다.

이제 초점이 맞추어졌으니, 아이 인격의 다른 면들을 희생시키면서 지적인 면에 대한 과도한 열중을 조장하는 상황으로 돌아가 보자. 아이가 지적 경주를 통해 불안감을 해소하고 부모의 이미지를 고치는 것에 대해 언급했었다. 어떻게 하면 이 두 가지 위험들을 피할 수 있을까? 첫번째 경우에는, 아이의 불안감에 대한 연구가 요구된다. 이 작업은 정신요법 의사가 아이의 부모들과 함께, 또는 단독으로 할 수 있다. 아이가 평온을 되찾아야만 다른 활동들도 중시하고, 늘 더 알고자 하는 것에 마음 쓰지 않을 수 있을 것이다. 두번째 경우에는, 부모들의 과거에 대해 질문해야 한다. 만일 그들이 앎에 대해——일반적으로 성공에 대해——바른 태도를 가지고 있고 앎과 관련해서 자신들에게 갖고 있는 이미지가 좋다면, 그들은 자녀들을 전적으로 지적 경주로만 이끌 위험이 별로 없다.

반면에 부모들의 체험이 좋지 않다면, 위험이 존재하고 부모 자신들과 아이를 위해서 그들 자신에 대해 긍정적인 이미지를 찾게 해줄 도움을 고려해 보는 게 바람직하다.

이 영역에서 기억해 두어야 할 기본 가설이 있다. 즉 아이는 우리가 할 수 없었고 할 수 없는 것을 실현하기 위해 존재하는 게 아니다. 아이는 그 자신을 위해 자신의 잠재력과 능력을 가지고 존재하며, 바로 그것들에 관심을 가지면서만 지적·개인적으로 그리고 인간 관계에 있어서도 최대한 계발될 수 있다.

미래에는 어떤 지능들이 필요할까?

결국 여러 가지 지능들이 존재하며, 지능들은 특별히 사회경제적·문화적 맥락과 관계가 깊다. 지능의 생리적 조건들이 기능하기 위해서는 감정적이고 교육적인 조건들이 상당히 필요하다. 바로 이 부분을 우리는 다루고자 한다.

우리는 아무 문제없이 다음과 같이 선을 그을 수 있다. 부모들은 현재 학교에서는 줄 수 없는 것을 부모의 자리에서 아이들에게 줄 것이라는 사실은 분명하다. 학교의 본질적인 임무는 학위로 확인되는 지식을 전달하는 일이다. 이것을 넘어서야 한다고 생각할지라도 말이다. 하지만 우리는 분명히 알고 있다. 가정은 언제나 아이가 미래에 대비할 수 있게 최대한의 수단들을 주기 위해 보충의 역할을 해왔고 앞으로도 계속 그럴 것이라는 사실을 말이다. 미래는 어떠할 것인가?

현재의 직업 세계뿐만이 아니라 사회 변화를 관찰해 보면 다음과 같은 사실들을 확인할 수 있다.

— 오늘날에는 학위 획득이 확실한 이점을 주기는 해도 반드시 직업을 보장하는 것은 아니다.[5]

— 서구의 산업계가 수공과 기술 분야에서 새로운 일자리를 창출할 가능성은 거의 없다. 기계화 추세로 인해 전문화되었든 비전문화되었든 일자리가 날마다 없어지고 있다. 일자리는 새로 만들어지되, 다른

---

5) 경제 평가와 전망부(DEP)에 따르면 "학교 졸업 후 4년간의 '저학력자' 실업률은 41.4퍼센트에 달하고 고학력자의 실업률(20.2퍼센트)에 비해 21포인트 웃돈다." In *L'État de l'école*, n° 6, 1996년 11월.

분야에서 창출될 것이다.

— 우리는 원하든 원치 않든 점점 더 노동 시간을 줄이게 될 것이다. 이러한 것들이 지난 세기 동안에 변한 점들이다.[6] 그리고 앞으로는 다음과 같이 변할 것이다.

— 비경제 활동 인구가 지속적으로 증가하고 있으며, 평균 수명으로 볼 때 계속 증가할 것이다.

— 여가 시간이 증가하고 있으며 앞으로도 증가할 것이다.

완전히 새로운 사회적 · 직업적인 도식이 일자리를 없애고 있으며 앞으로도 그럴 것이다. 반면 바로 거기서 확실한 희망의 요인이 다른 일자리들을 창출할 것이다. 이러한 점들을 고려해 보면, 그 일자리들은 주로 여가와 인간 관계를 중심으로 만들어질 거라고 추측할 수 있다. 노약자와 빈곤층을 돕고 보살피는 일이나 여가 활동과 관계된 일들이 많아질 것이다. 운동 및 휴식 · 문화 · 예술 분야에서, 지금으로서는 아직 어떤 일들이 될지 정확히 알 수는 없지만 일자리의 폭이 넓어질 것이다. **이러한 일자리들은 유용할 뿐만 아니라 필요할 것이기 때문에 필요 불가결할 것이다.** 여가 활동을 기획하고 함께하며 이끌어 주는 일이 절대적으로 필요할 것이기 때문이고, 노년기의 인구를 즐겁게 해주고 도와주는 일 또한 필수적일 것이기 때문이다. 변혁기에 있고 점점 더 복잡해지는 세상에 적응하지 못할 불안정한 인구의 모든 주변인들을 어떻게 해서든지——교육과 사회보장을 통해서——책임을 지는 일이 시급할 것이다.

오늘날 이 분야의 직업군은 우리 사회에서 아주 제한된 위치만 점

---

6) 19세기 중반에 평균 노동 시간은 1년에 3천 시간이었다. 현재는 1천5백 시간이다.

하고 있다. 게다가 특히 여가 활동과 관련해 이 분야에서 파생된 모든 일자리들은 현재로서는 지엽적이고 심지어는 무의미한 것으로 여겨진다. 그럼에도 불구하고 여가 활동을 확대하기 위해 그 일자리들은 없어서는 안 된다. 불확실한 전망이라고? 나는 그렇게 생각하지 않는다. 그러한 사회의 발단이 여기저기서 모습을 드러내는 게 보인다.[7]

점점 더 기계화가 되는 세상에서, 점점 더 전통적 직업에서 자유롭게 되는 세상에서 인간 관계 및 인간 · 상상력 · 여가 활동과 관련된 모든 직종들은 새로운 의미를 갖게 될 것이다. 따라서 바로 이러한 관점에서 미래를 향한 우리 아이들의 지능들에 대해 생각할 필요가 있다. 몇몇 학위들이 여전히 필요하기는 해도, 이러한 세상에 맞서기 위해서는 이것들과 마찬가지로 다른 성공 수단들이 아이들에게 필요할 것이다. 그 조건들은 아이들이 학교 밖, 가정에서 단련하게 될 인격과 지(知), 기량과 관계될 것이다. 언제나 직업의 세계는 자격증 이상의 것을 요구해 왔지만, 확실히 오늘날은 훨씬 더 그렇고, 미래에는 더욱 더 그럴 것이다.[8]

우리는 세계의 새로운 양상들과 미래에 대해 생각하면서 당신 아이의 지능뿐만이 아니라 그것에 동반되어야 할 조건들에 대해서도 관심을 가질 것이다.

---

7) 불행히도 그 일자리들이 전적으로 존중받지도, 이해되지도 않긴 하지만 젊은층의 고용 창출은 이러한 방향으로 가고 있다.

8) 《피가로 에코노미크 *Le Figaro économique*》(1997년 7월 27일자)에서 가에탕 메스클랭은 다음과 같이 지적한다. "자격증으론 이제 충분하지 않다. 고용주들은 학위 증서보다는 적성과 능력을 더 중요시한다."

II
생리적 지능의 조건

이제 우리는 다음과 같은 사실을 알 것이다. 즉 기층이 되는 신경 단위의 풍부함과 그 다양성이 생체적 지능의 핵심을 형성한다. 뇌는 뉴런들(생물학자들에 의하면 1백40억에서 1천억 개나 된다!)로 구성되어 있고, 뉴런들은 시냅스라 불리는 연접부에 의해 서로 연결되어 있다. 이 시냅스의 많음과 다양성이 생리적 지능의 가장 좋은 보증이 된다는 것은 오늘날 확실한 것 같다. 기 라조르트 교수가 다음과 같이 주장했듯이 말이다. "뇌의 탁월성은 몇몇 대뇌피질 표면의 면적이나 뇌 표면의 수가 아니라 **학습 및 경험, 교육에 의해 확장된** 뉴런들간 연접부의 풍부함과 더 많이 관계가 있다."[9]

우리에게──특히 우리 아이들과 관련해서──다행히도 이러한 연접부의 중요한 부분은 출생 후에 자리잡힌다. 장 피에르 샹쥬가 지적한 것과 같다. 즉 "인간의 뇌 발달에서 주목할 만한 특징은 출생 후 아주 오랫동안 늘어난다는 점이다. 그 무게는 성인이 될 때까지 다섯 배가 증가한다. 대뇌피질의 시냅스 거의 대부분은 아이가 세상에 나온 후에 형성된다. 태어난 지 한참 후에도 시냅스의 증가 기간이 계속되어 뇌 조직에 물리적·사회적 환경의 '침투'가 가능해진다."[10] 바로 여기에서부터 오늘날의 유명한 문구가 나온다. 즉 "배운다는 것은 미

---

9) 기 라조르트, 《뇌와 정신Le Cerveau et l'Esprit》, Flammarion, 1982.

리 설정된 시냅스의 연접부들을 견고히 하는 것이다. 그리고 다른 것들을 없애는 것이기도 하다." 이에 기 라조르트가 다시 확언한다. "아이를 어릴 때부터 자극하면 할수록, 아이의 지능 발달에 유리하다. 형성기의 뇌는 특히 유연하고, 뉴런간 연접부의 생성과 구성이 훨씬 활발하다."

선천적 또는 후천적: 시대착오적인 논쟁

지능에 관한 견해에서 몇몇 의문들은 끊임없이 재론된다. 그 중에서 우선적으로 다음과 같은 의문을 들 수 있다. 지능은 선천적인 것인가 후천적인 것인가? 때때로 몇몇 연구자들은 어떤 때는 이런 의견을, 또 어떤 때는 저런 의견을 퍼뜨리는 연구 작업들을 인용한다. 불안 ——또는 낙관론——의 정도에 따라 어떤 이들은 "모든 것은 결정되어 있다"라는 쪽으로 기우는 데 반해, 또 어떤 이들은 "모든 것은 앞으로 씌어질 것이다"라는 쪽으로 기울 것이다. 또한 인종과 피부색에 따라 어떤 사람들이 다른 사람들보다 더 똑똑하다는 것을 보여주려 애쓰면서 이러한 것을 모호한 이데올로기적 논쟁으로 만들려는 사람들도 있다.

사실 오늘날 선천적이냐 후천적이냐의 논쟁은 시대착오적이다. 이말은 지능이란 선천적이면서 '동시에' 후천적이라고 애매모호하게 대답하려는 게 아니다. 지능에 유전자들로 결정된 생물학적 기초가 있는

---

10) 장 피에르 샹쥬, 《인간의 뉴런 *L'Homme neuronal*》, Fayard, 1983.

것은 확실하다. 뇌는 아직 개척이 안 된 땅에 비유할 수 있다. 이 분야를 연구하고 양성하며 풍요롭게 하는 일이 필요한 것도 분명하다. 여기서 중요한 것은 이러한 생물학적 기초 위에서 우리가 뛰어난 지능들을 형성할 수 있다는 사실을 아는 것이다. 기 라조르트와 장 피에르 상쥬, 그리고 여러 학자들에 따르면, 그들의 연구 목적은 뉴런간의 연접부들을 다양화하고 견고하게 하는 것이다. 도달해야 할 목적은 뉴런의 도식들을 증가시키는 것이다. 미래의 다양한 지적 전략들의 매체 역할을 할 뉴런의 도식들을 말이다. 실제로 다양한 활동을 통해 아이가 발달시키게 될 뉴런의 도식들은, 나중에 아이가 다른 문제들을 해결하는 데 이용할 것과 같다는 간단한 가설을 세울 수 있다. 폴의 예를 살펴보자.

□ **폴, 건축가와 미래의 지식인**

어린 폴은 몹시 기뻐한다. 여러 가지 색깔의 멋진 블록 상자를 받았기 때문이다. 폴은 눈 깜짝할 사이에 예비 건축가가 되었다! 어린 폴이 모르는(다행이다!) 사실은 자신이 아주 기쁘게 즐기면서 장래의 수많은 지적 전개의 발단을 실행하고 있다는 것이다. 좀더 자세히 살펴보자.

폴이 새 장난감 앞에 있다.

1단계: 아이는 먼저 장난감을 열어 보며 호기심을 드러낸다. 기술적인 용어로, 아이는 인식론적 충동을 결집한다. 다시 말해 아이는 관심과 호기심을 나타내고 자기 주변의 새로운 것에 대해 알고 싶어한다. 학습의 관점에서 아이는 훌륭하게 시작하는 것이다.

2단계: 아이는 자기가 가지고 있는 것들의 다양한 형태들을 관찰한다(단지 몇 초에 불과해도). 박식하게 말해 아이는 시각적 판별을 보여준다. 이것은 아이가 시각적으로 메시지를 포착하고 다른 요소들을 구별하고 비교하며 적응함을 의미한다.

3단계: 아이는 집을 짓기로 한다. 이때 아이는 두 가지 방법으로 할 수 있다. 이미 존재하는 어떤 모형을 따라 모방하여 짓거나, 아니면 자신이 짓고 싶은 집의 모양을 불완전하다고 하더라도 '마음속으로 그리며' 만들 수 있다. 학습 용어로 모방의 방법은 가장 기초적이지만 여전히, 가끔은——아니면 언제나——필수적인 단계(예를 들어 좀더 나중의 문자 학습과 비교)이다. 정신적 표상은 어린아이들에게서 조금씩 자리잡기 시작하며 훨씬 공들여진 과정이다. 네다섯 살경에 이미 이러한 유형의 과정들이 있다. 이 과정은 우리가 상징화와 계획화라 부르는 것과 관련된다. 이러한 계획화는, 만일 존재한다면 좀더 진보한 지적 과정을 보여준다. 이 과정을 실행하는 사람은 현실에 따를 필요가 없다. 다시 말해 자기 것으로 삼고 이용한 어떤 정신적 이미지를 위해 본보기를 사용할 필요가 없다.

4단계: 아이는 구성에 필요한 도구들을 머릿속으로 고르면서 상황을 좀더 날카롭게 분석한다. 여기서 아이는 분석의 과정을 갖는다. 곧 아이는 거리를 두고서 자신의 계획에 따라 분석한다. 나중에 이것은, 예를 들면 계산의 여건을 읽을 시간을 갖고, 분석을 잘한 다음에 행동 전략을 세우는 초등학생 시절에 도움이 될 것이다.

5단계: 어린 폴이 기초를 쌓는다! 이제 작품의 질은 아이의 차분함과 상상력, 손의 기교에 달려 있을 테지만 그 차분함과 상상력과 기교에 대해서는 나중에 언급하겠다. 지금은 어린 폴이 놀고 기쁨을 느끼며 건강한 육체 속에 건강한 미래의 정신을 갖도록 놔둘 때이다.

놀이 활동의 중요한 이점들 중의 하나는 재미 속에서 행해진다는 데 있다. 재미는 반복을 의미한다. 반복은 뉴런 도식들의 강화를 의미한다. 우리는 아이에게 같은 과정을 하게 하는 다른 활동들을 제시할 수 있지만, 아이가 같은 재미를 느낄지는 확신할 수 없다. 따라서 효율성이 극히 낮을 거라는 사실을 충분히 짐작할 수 있다.

가지고 노는 것을 보면, 무슨 생각을 하는지 알 수 있다

아동——나이에 상관없이——의 심리 검사는 언제나 대화로 시작한다. 여기에는 '억압받은,' 다시 말해 약간의 심리적 장애가 있고 내성적이며 말이 별로 없고 수줍음을 많이 타는 등의 아이들도 포함된다. 어떤 이들은 놀라고, 많은 사람들이 당황스러워한다. 아이들이 말을 할까? 아이들이 마음속의 생각을 얘기할까? 아이들의 마음이 편안할까? 실제로 소수의 예외를 제외하고(나는 실제 경험을 한 지 15년 만에 이러한 예외에 해당하는 아이들을 세 명 만났다) 모든 아이들은 자신의 생각을 표현한다. 그리고 아이들 대부분은 이렇게 하는 것을 몹시 기뻐한다. 왜냐하면 자신을 완전한 대화 상대로 여겨 주는 어른으로부터 존중받고 있기 때문이다.

아이와의——어른과 마찬가지로——대화는 언제나 가능하다. 우리가 그 아이에게 관심을 갖고 아이에게 말하고, 아이의 현재 상태와 아이가 좋아하는 것에 관심을 가진다면 말이다. 따라서 나는 대화를 할 때 곧 아이의 놀이로 대화를 이끌어 간다. 여기서 다음과 같은 사실이 확인된다. 즉 아이의 놀이들의 질과 양은 아이의 관심 및 분석력·사고력·집중력·상상력을 보여준다.

놀이들이 빈약하고 반복적일수록 아이의 관심과 지적 전략들은 제한되어 있다. 이러한 현상은 유희 세계가 극히 제한되어 있는 서커스단의 아이들에게서 특히 현저히 나타난다. 내가 만난 이 아이들은 대개 뛰고 쫓기, 자전거 타기, 숨기 놀이 등등의 육체적 놀이들만 한다. 주의력과 집중력, 상징화를 요하는 놀이들은 거의 하지 않는다. 그 원인은 아이들이 사는 환경이 불행히도 그러한 활동들에 열중하는 것을 허락하지 않는다는 데 있다. 이 아이들의 세계는 포장마차와 매우 근접한 주변 환경들로 제한되어 있다. 아이들은 자신들이 있는 마을 또는 도시에 대해 거의 혹은 전혀 알지 못한다. 이처럼 다양한 유희 활동의 부족은 어떤 학습 과정에 필수적인 다양한 단계들을 내면화하고 안정화하지 못하기 때문에 아이들에게 불리하게 작용한다는 사실을 우리는 인정해야 한다. 여기에다가 이 아이들은 '지금 여기서' 그날그날 살아가는 데 익숙해져 있어 어려움이 더 가중된다. 아르노는 이러한 아이들 중의 한 명이다.

아르노, 혹은 '신레미제라블'

아르노는 태어난 이후로 쭉 포장마차에서만 살았다. 이 아이는 몇 년 전부터는 한 공터에 있는 포장마차에서 산다. 역설적이고 부당한 이 세상을 드러내듯이, 아이가 사는 곳은 값비싼 자동차를 파는 차고 바로 옆이다. 헝클어진 갈색머리에 옅은색 눈을 가진 아르노는 아주 가난한 가정의 어린아이이다. 내가 이 아이를 처음 본 것은 아이가 유아원의 중

급반에 다닐 때였다. 아르노는 네 살이었고 처음 유아원에 다니는 것이었다. 19세기말에 지어진 학교에서 여전히 볼 수 있는 9평방미터의 공간이 있는 넓은 건물에서였다. 넓고 천장이 굉장히 높으며 커다란 창문이 아주 높이 있는 교실에서.

아르노는 교문을 나서면서 정말 다른 세상으로 건너갔다. 아이는 엄마와 포장마차의 칸막이들로 대표되는 극히 작은 사회에서 학교라는 웅대한 사회의 표본으로 옮겨갔던 것이다. 아르노 아닌 다른 아이었다면 이러한 감정적·사회문화적인 충격을 잘 견뎌낼 수 없었을 것이다. 아르노는 아니었다. 그 반대였다. 아르노에게 유아원은 새로운 세계의 발견이었다. 그 모든 색깔들·소리들·장난감들·어린이들이 경탄의 원천이었다. 실제로 아르노는 네 살이 되어서야 갓난아이가 막 태어났을 때 하는 것, 즉 세상을 발견하는 일을 한 것이었다. 아르노는 자극이 거의 없는 협소하고 한정된 세계에서 다양하고 여러 색깔이 존재하며 활기 있는 환경으로 건너왔다. 그렇지만 갓난아이와의 비교는 여기서 멈춘다. 어린아이가 자기 주변을 점차적으로 시시각각, 하루하루 발견하고 분간한다면, 아르노는 점진적이면서 의미심장한 흡수의 혜택을 받지 못했기 때문이다. 아르노의 발견은 매우 급속했고 어떤 면에서는 너무 충격적이어서 무에서 전부로 단 한번에 건너간 사람의 상황에 처하게 되었다. 그때부터 이 어린 소년은 어떤 놀이와 대상에서 다른 것으로 옮겨갔고, 여러 활동을 시도해 보았으며, 다음 활동으로, 또 다음 활동으로 너무 빨리 옮겨갔다. 실제로 새로운 것만 아이의 관심을 끌었다. 즉 아르노는 어린아이와는 반대로 상황들에 관해 나누어지는 말들, 탐냈던 대상을 기다리면서 생기는 욕구가 그날그날 해소되는 혜택을 보지 못했다. 그리고 발견에 대한 아르노의 흥미는 그만큼 빨리 사라졌다.

아르노는 엄마와 함께 포장마차에서 산다. 그들은 같은 침대에서 자고 버너로 난방을 한다. 잊지 말아야 할 것은, 우리는 21세기에 살고 있다는 사실이다. 아르노는 문화적인 측면에서 완전한 빈곤에 직면해 있는 것이다. 아르노는 유희 활동이 매우 제한되어 있으며 대부분의 시간을 밖에서 지낸다. 언어는? 교류는? 물리적 환경과 마찬가지로 이것들 역시 빈약하다. 아이의 엄마는 글을 읽지 못하는데, 이것은 아들과 그녀의 사이가 최소한의 실용적 관계로 제한됨을 의미한다. 아르노는 유아원에 다님으로써 또한 다른 언어 세계로 들어간다. 즉 이 아이에게 있어서 대부분의 시간은 의미 없는 낯선 언어들이 교환되는 것이다. 이 아이가 자신의 생각을 표현하는 것을 들어보면 구문과 어휘의 측면에서 얼마나 간단한 언어를 사용하는지 알 수 있을 것이다. 아이를 보면서 우리는 심각한 문화적 결핍을 대하고 있음을 알게 된다. 그러면 감정적인 것은? 한 가지는 확실하다. 즉 엄마는 아르노를 그녀의 방식으로 사랑한다. 다른 모든 엄마들처럼 그녀 역시 자신의 능력으로 자신이 할 수 있는 최선을 다한다. 그녀는 자신이 받은 것만큼만 아이에게 줄 수 있는데,[11] 여기서 우리는 그녀 자신이 받은 게 거의 없음을 예측할 수 있다. 그녀는 아르노를 사랑하지만 잘못 사랑한다. 그녀는 아이를 존중해 주고 존중받을 하나의 완전한 개인으로 보지 않는다. 아이는 차라리 그녀의 살아 있는 인형, 그녀의 대상이라 할 수 있다. 아이는 그녀를 안심시키고 그녀의 감정적 결핍을 메우기 위해 존재한다. 따라서 그녀는 다른 곳에서 그 보상을 찾게 되면 아이를 버릴 수 있을지도 모른다. 어떤 인형에 더 이상 흥미가 없어지면 그렇듯이. 그래도——어떤 면에선

11) 또는 이와 정반대일 수 있다. 앞에서 반복 과정에 관하여 보았고 그 결과를 알 수 있듯이.

다행히도——첫번째의 태도가 두번째 태도보다 더 빈번한 듯하다. 그 결과 아르노는 자신이 사랑받고 있다고 느끼지만, 좋아하지는 않는다. 자신이 다른 사람의 욕구와 요구에 부응하기 위해 존재한다고 느끼기 때문이다. 이러한 상황에서 아이의 자기 자신에 대한 욕구, 개체성은 전혀 고려되지 않는다. 이러한 경우, 아이의 엄마 역시 그러한 부모를 두었을 것이다. 이러한 엄마의 사랑은 아르노가 주체로서 스스로 자신을 책임지는 데 있어서 아주 중요한 개체화로 이끌지 못했다. 교육적 결핍에 대해서는 뭐라고 말할까? 당연히 이 또한 엄청나다. 이처럼 제한된 관계 속에서, 사회적 교류에서 멀리 떨어진 곳에서 어떻게 아이에게 확장된 관계 속에서, 훨씬 복잡한 규범의 사회 속에서 자신의 자리를 찾을 수 있도록 삶의 규칙들을 전해 줄 수 있겠는가? 네 살 때까지 아르노의 세계에서 타인이란 엄마뿐이었다. 다른 아이들과 마찬가지로 아르노는 교문에 들어서면서 다른 사람들을 발견한다. 다른 사람들과 함께 사는 법을 배우는 것은, 불가피하게 욕구불만을 받아들이고 그것을 극복하는 것이다. 아르노는 이러한 것을 전혀 학습하지 못했음을 우리는 좀더 나중에 자세히 살펴볼 것이다. 이 아이가 유아원에 처음 가는 날, 아이는 이것을 이해하도록 도와주었을 최소한의 조건들을 사전에 받지 못했다. 따라서 아르노는 이 미지의 세계에서 자신의 자리를 찾도록 학교가 그에게 줄 수 있는 도움들, 즉 재교육과 적응시키기 등의 '혜택을 입었다.' 여러 교사들의 호의적인 시선에다 이와 같은 교육으로 인해 아이는 이 낯선 세계에서 소외되지 않게 되었다. 아이의 IQ는? 일곱 살 반인 아르노의 아이큐는 54이다. 아이가 다섯 살이었을 때는 지능검사가 불가능했을 것이다. 그에게 물어야 했을 질문들, 제시되었을 시험들은 아이의 이해력과 지각으로부터 몇 광년은 떨어져 있었을 것이다. 이제 아르노는 CLIS(통합학급)에 다닐 것이다. 거기서 아이는 좀더 소수의 그룹 속에서 좀더 개별화된 시선과 좀더 적절하게 맞춰진 과제들로 최소한의 문화적·교육적 조건들을 획득할 수 있을 것이다. 그 세계에서 더 이상 완전한 이방인이 되지 않도록 말이다.

물론 아르노는 극단적인 예이며, 유희 활동의 결핍만큼 감정적이고 교육적인 결핍들도 아이에게 몹시 불리하게 작용했다. 이 비극적인 예와 반대로 필자는 장난감들로 가득 찬 방에서 지내면서 지적으로 전혀 빛을 발하지 못하는 어린 소년 소녀들도 만나 보았다. 검사에서 물질적 풍부함은 감정적 결핍을 보상하기 위해 존재했으며, 욕구불만을 견디지 못하는 응석받이의 요구에 부응하지 못했다. 이 경우에 과잉은 '놀이하는 듯한 아이들'이 아무런 흥미 없이 장난감들을 그저 건드리기만 하는 한 부족만큼이나 효율적이지 못함이 드러났다. 그렇게 함으로써 아이들은 생리적 지능 형성에 유익한 다양한 인지적 전략들을 만족스럽게 확립하지 못했다.

조금 전에 언급한 아르노의 경우는 지적 결핍과 학업 실패의 부담스러운 실례이다. 그 아이와 또 다른 아이들을 통한 경험으로 인해, 우리는 중대한 문제를 초래하는 것은 많은 결핍들이라는 사실을 알게 된다. **아이의 심각한 어려움들의 원인은 지적·감정적·교육적 결핍의 총합이다.** 이러한 결핍들 중의 단 하나만으로 아이의 어려움은 다소 커질 수 있지만, 원칙적으로 학교 공부에 있어서, 그리고 지적으로 그처럼 심각한 장애는 오지 않는다.

바로 이러한 점에서 아이를 돕는 일은 매우 까다롭다. 불안정한 모든 부분들에 대해 영향을 미치기란 어렵기 때문이다. 게다가 다른 종류의 결핍들은 서로 상호 작용을 하는데, 이 때문에 일이 더욱 복잡해진다. 어쨌든 다행히 총체적인 결핍은 그리 흔하지 않으며, 앞의 사례에서는 전문 교사가 이끄는 특수 학급만으로도 아이들을 학교에서, 그리고 이를 통해 사회에서 자신의 자리를 찾을 수 있게끔 할 수 있다.

□ 무엇보다도 쾌락을 위해 놀기

놀이가 지능의 강력한 설교자인 것이 확실하다면, 놀이는 또한 인격 형성에 있어서 본질적인 또 다른 여러 기능들도 수행한다. 따라서 갓난아이의 첫 놀이 도구들의 목적은 아기의 감각을 만족시키고, 그 감각들을 통해 기쁨을 느끼도록 하는 데 있다.

갓난아이의 가장 큰 기쁨 중의 하나가 시끄럽게, 그것도 가능한 한 가장 시끄럽게 소리를 내는 것이라는 사실을 모든 부모들은 안다. 큰 소리는 어린아이가 가장 듣기 좋아하는 자극인 듯하다. 차츰차츰 아기는 좀더 약하고 좀더 다양한 세기의 소리들을 좋아할 것이다. 따라서 부모로서 **최소한** 자녀의 이 흥미로운 단계(하지만 얼마나 시끄러운가!)를 받아들이는 일이 중요하다. 아기의 또 다른 감각적 즐거움에 입으로 느끼는 것들이 있다. 프로이트가 구순기에 대해 언급했던 것은 신생아의 발달에서 이러한 측면을 준거로 한 것이었다. 배고픔으로 인해 생긴 스트레스를 풀어 주고 실제로 기쁨을 가져다 주는 곳은 입이다. 어린아이의 탐험의 첫 형태가 될 곳도 입이다. 아기는 처음 접하는 대상들을 일관성 있게 입술에 가져다 댐으로써 그것들을 알게 될 것이다. 이때부터 그 물건들에 주의하는 게 좋다. 흡인기에서 섭취기로의 이행이 가끔은 너무 빠르기 때문이다. 이러한 경험에 수반되는 위험성에 관해서 우리가 대비했다면 그 탐험 방식을 존중하는 게 중요하다.

시각 또한 아이에게 또 다른 만족감을 준다. 움직이는 것은 아이를 끌어당기고 아이의 궁금증을 자아낸다. 그리고 색깔들 역시 조금씩 아이가 주의를 기울이는 대상이 된다. 자신의 몸의 움직임, 손동작들도 역시 갓난아이의 기쁨의 원천이다. 더욱이 이것들은 아기가 점차적으로 자기 몸을 제어하고 다스리며 육체적으로 자기 자신을 알아가는 데 필수적이다. 마찬가지로 촉각은 아기에게 여러 감정들을 주는 감각이다. 아기는 몇몇 물질들의 부드러움을 즐기며, 물과의 접촉은 아기에게 커다란 기쁨을 준다. 여기서 아마도 **자궁 속** 양수 안에 있던 때의 기쁨을 어렴풋이 기억하는 듯하다.[12] 따라서 기쁨이라는 '기능'은 놀이의 첫번째 기능이다. 이것은 앞으로의 유희 활동들에 영향을 미치기 때문에 극히 중요하다. 바로 기쁨이 있기 때문에 아이들은 놀고 싶어하는 것이다. 이러한 양상으로 인해 놀고 경험하고 다시 해보고 싶은 마음이 드는 것이다. 이러한 측면은 차근차근 다룰 필요가 있다. 왜냐하면 이것이 아기의 첫 몇 년간의 행동을 유발하고 어떤 면에서는 육체적·지적 미래를 좌우하기 때문이다. **각양각색의 다양한 감각적 기쁨들을 느끼기 때문에 아이는 그것을 얻게 해주는 놀이들을 찾고, 이 놀이들은 뉴런 도식들을 견고히 함으로써 아이의 현재와 미래의 지능을 위한 그만큼의 조건이 될 것이다.**

그렇기는 하지만 지나친 자극에 대해서는 주의하도록 하자. 기대했던 것과 반대의 효과를 낼 수 있기 때문이다. 아이를 지나치게 자극하지 않고, 그렇다고 아주 새로운 경험을 막지도 않으면서 다양한 경험들을 하도록 하는 데에는 일정한 양식이 필요하다. '피에르와 늑대,

---

12) 발생학의 관점에서 본다면, 우리는 거기에 있지 않았는가? 그리고 그곳으로 돌아가는 기쁨은 당연한 퇴행의 기쁨이 아닐까?

피에르와 늑대, 그리고 태아

신생아가 감각들을 통해서 기쁨을 느끼는 것은 눈으로 확인할 수 있다. 이것은 태어나기 전부터 시작된 듯하다. 마리 클레르 뷔스넬[13]에 따르면 "인간의 후각과 미각 능력은 유전적으로 미리 짜여진 듯하다. 열두 시간 미만의 신생아들이 아직 접해 보지 못했던 향기들에 얼굴 표정으로 반응을 보이기 때문이다. 예를 들면 바나나·초콜릿·꿀·우유에는 즐거운 표정을, 반면에 상한 달걀 냄새에는 반감을 나타내는 표정을 짓는다."

장 페조는 또 하나의 유명한 실험을 했다. 그는 엄마 배 위, 태아의 머리 가까이에 소리 증폭 장치를 놓고 〈피에르와 늑대〉의 한 대목을 바순으로 연주하게 해서 22주가 된 태아가 '듣게' 했다. 그리고 아기가 태어난 지 6주 후에 같은 곡조를 다시 들려주고는 그 음악이 아이의 태도를 부드럽게 함을 확인한다. 울던 아기들 모두가 그 곡조를 듣고는 조용해졌다. 눈을 감고 있던 아기들은 모두 눈을 떴다. 장 페조는 이로부터 22주에서 27주 된 "태아는 듣는다"라고 결론짓고, 그렇다고 "이 사실이 그 이전에는 태아가 듣지 못함을 의미하지는 않는다"라고 덧붙인다.

그럼에도 불구하고 신중할 필요가 있다. 즉 태아가 자신의 감각을 차츰차츰 예리하게 하는 것이 분명하지만, 그것을 체계적으로 기쁨과 연결시키는 일은 어렵다. 또한 우선적으로 어머니가 느끼는 기쁨이 태아가 느끼는 기쁨에 영향을 끼치는 듯하다.

그리고 태아'라는 상자 글은 갓난아이의 감각들(어쩌면 아이의 쾌락이?)이 너무 일찍 깨어났음을 보여준다.

---

13) 에티엔 에르비네, 마리 클레르 뷔스넬, 《감각의 시작, 신생아 일지 *L'Aube des sens, Cahiers du nouveau-né*》, Stock, 1991.

□ 어른이 되기 위해 놀기

아이들은 역할 놀이를 제법 일찍 수행함으로써 성인이 될 때의 자신의 역할을 배우기도 한다.

아이는 우선 자기 주변 사람들을 모방한다. 따라서 아이는 우선적으로 아빠와 엄마 · 의사 · 선생님 놀이를 한다. 누구나 다 알듯이 교육환경이 매우 여성화되어 있기 때문이다. 실제로 흉내내기 놀이는 세가지 역할을 한다. 먼저 재미있고, 다음으로 어른의 몸짓과 태도, 행동들을 배우는 방법이 되며, 마지막으로 아이들의 세계와 어른들의 세계 사이에 존재하는 거리를 놀이를 통해 좁히면서 두려움에서 벗어나게 하는 방법이 된다. 이렇게 하면서 어린애는 때로는 너무 멀고 너무 떨어져 있으며 약간은 염려스러워 보이는 어떤 것에 적응한다. 새끼 사자가 어미사자들이 좋아하는 먹이를 쫓는 것을 모방하면서 사냥하는 법을 배우는 것과 마찬가지로 어린아이는 이러한 역할 놀이를 통해서 학습한다. 또한 이 놀이는 섬세해지고 다양화되며, 아이는 차츰차츰 더 여성적인 역할이나 더 남성적인 역할들을 배우게 된다. 이 세가지 기능의 관점에서 우리는 왜 어린 소년 또는 어린 소녀가 분장을 하고 자신의 생각을 표현하게 놔두어야 하는지 더 잘 이해할 수 있다. 아이가 표현하는 것은 보고 들은 것들이지만, 아이가 걱정하는 것들일수도 있다. 이 걱정거리들을 들으면 아이의 불안을 알 수 있다. 따라서 아이가 말을 하게 둔 다음에 설명하고 안심시키는 게 좋다. 흉내내기 놀이는 아이가 학교에서 날마다 경험하는 것들의 훌륭한 지표임이 드러난다. 아이들이란 말을 통해서 표현하는 것만큼 행동을 통해서, 또는 오직 행동을 통해서만 자신을 표현한다는 사실을 기억하자. 놀이를 통한 어른 역할의 학습은 언제나 어린이의 놀이였고 앞으로도 그럴 것이다. 단지, 가끔 장난감만 바뀌는 것이다. 다마고치의 유행이 보여주듯이(다음 페이지의 상자 글 참조).

□ 사회의 게임의 법칙들을 배우기 위해 놀기

아주 어린아이들은 사회적인 놀이를 하지 않는다.[14] 단순한 이유로 인해 어린아이들은 자신의 '자아'를, 따라서 '비-자아'를 완전히 인식하지 못한다. 안나 프로이트가 명시하듯 "'자아'와 '자아가 아닌 것'에 대한 개념은 개체성의 완성으로 이끄는 발달과 병행하여 아주 점진적으로 발달한다."

매우 점진적으로만 아이는 자신에 대해, 그리고 타인에 대해 의식하게 된다. 이러한 변화는 몇몇 저서들에 다양한 시각들로 지적되어 있다. 예를 들면 스피츠가 묘사한 8개월 때의 불안, 낯선 사람의 모습에 대한 불안이 있다. 아주 어린아이들은 그 시기에 익숙한 다른 사람들의 모습을 제법 분명하게 구분하는데, 이로 인해 모르는 사람들 앞에서 자칫 두려움을 가질 수 있다. 르네 자조가 볼 때 어린아이들은 거울로 보이는 사람이 자기 자신이라는 사실을 대략 18개월(이보다 몇 달일찍 또는 늦게)이 되어서야 인식한다. 다른 사람과 놀기 위해서는 결국 자신을 인식해야 한다. 여럿이 하는 놀이 이전의 규칙 있는 놀이들은, 다른 아이와 놀기를 원한다면 규칙들이 필요하다는 사실을 아이가 받아들이게 하기 위해 있는 것이다. 규칙 있는 놀이들에는 술래잡기(나중에 다시 언급하겠지만, 이 놀이에는 또 다른 기능들이 있다)처럼 단순한 놀이들도 포함된다. "내가 숨는 동안 보면 안 된다"라는 규칙

---

14) 이 말이 어린아이들이 사회화하지 않는다는 뜻은 아니다. 그러나 대략 18개월된 어린아이들은 자기들 또래끼리만 논다고 탁아소의 보모들은 지적한다.

옛 인형에서 전자 인형까지

어디나 마찬가지로 장난감에도 유행이 있다. 그래서 몇 년 전에는 최신 전자오락, 다마고치라는 새로운 전자 인형이 크게 유행했다.

이것에 대해 어떻게 생각해야 하는가? 다마고치는 모두에게 반드시 동일한 역할을 수행하는 것은 아니라는 점을 알아야 한다. 이것의 역할은 사용자의 나이와 성별에 따라 다르다.

이것은 몇몇 사람들에게 앞으로의 부모 역할을 '배우게' 도와주는 전자 인형 그 이상도 이하도 아닐 것이다. 이것에는 위험이 제한적이므로 더욱 쉽게 '배울' 것이다.

특히 10대들에게 이것은 소속의 지표가 될 수 있다. 곧 "나에게는 내 다마고치가 있으므로 각자 자기의 다마고치를 갖고 있는 내 또래 아이들과 나는 비슷하다." 이 지표를 통해 나는 내가 어떤 집단에 소속되어 있음을 보여준다.

마지막으로 또 어떤 사람들에게 이것은 감정적 대체물일 수 있다. 장난감을 갖고 노는 아이의 삶에서 그것이 차지하는 시간과 강도가 너무 클 때, 우리는 자문해 보고 신경을 쓰는 게 바람직하다. 틀림없이 이것은 애정 결핍과 중요한 인간 관계에서의 결핍을 숨기고 있을 것이기 때문이다.

은 아무리 간단하다 해도 다른 아이와 놀기 위해서는 모두 그 규칙을 받아들여야만 한다는 사실을 아이들이 이해하게끔 해준다. 이러한 놀이들은 예를 들면 학교에서 한 명 또는 여러 명의 급우들끼리 할 수 있다. 이러한 놀이들(술래잡기 · 늑대 놀이 · 경찰 놀이 등)은 때때로 예로부터 전승된 것이지만, 특히 역할 놀이 속에서 아이들이 만든 것들도 있다("너는 이런 사람이고 나는 저런 사람이야, 너는 이걸 하고 나는

저걸 한다……"). 아이들이 자라면서 규칙 있는 놀이들은 여럿이 하는 실내 게임으로 대체되고, 규칙을 인정하는 것은 바람직한 사회 동화의 전조가 된다. 그러면 이 모든 것을 통해 우리 아이의 지능은 어떻게 되는가? 사회적 규칙들을 받아들이는 일은 학습의 훌륭한 예측이 된다. 규칙은 욕구불만을 일으키는가? 학습 역시 그렇다. 규칙을 받아들이는 것은 연기된 어떤 기쁨으로 귀착되는가? 학습 역시 그렇다. 규칙

인정 혹은 굴복?

받아들인다는 것은 굴복을 의미하는가? 이것은 철학의 멋진 주제 하나가 될 것이다. 사실 철학자보다 심리학자(?)의 대답이 더 간단할지도 모른다. 실제로 굴복의 기초는 포기인 데 반해 인정은 존중을 내포한다.

인정의 경우는 규칙이 내게 설명되었고, 상대방도 역시 그 규칙을 존중할 것이기 때문에 나는 그것을 받아들인다. 나는 놀이를 하는 사람으로서 존중을 받고 다른 사람을 존중할 수 있다. 굴복의 경우에는 이러한 상호성이 없다. 즉 달리 도리가 없기 때문에 나는 복종한다. 타인은 더 강하기 때문에 그의 법을 내게 강요한다. 부모와 자식의 관계에서 부모는 흔히 이러한 강압적인 태도를 가지고 자신의 법칙을 자녀에게 강요할 수 있다. 그러면 자녀는 복종하거나(특히 억제를 통해) 반항한다(나중에 폭력과 난폭함으로).

어떤 규칙을 받아들인다는 것은, 혼자가 아닌 이상 나는 공동 생활이 부과하는 불쾌한 일――그리고 기쁨――을 받아들여야 한다는 점을 인정하는 것이다. 다른 사람 역시 규칙들을 받아들인다면, 그리고 욕구불만을 일으키는 이러한 인정이 나의 이웃과 함께 존재하는 기쁨과 연결된 또 다른 기쁨들로 귀착된다면, 나는 더 쉽게 그 규칙을 받아들일 것이다.

있는 놀이와 교육을 통해 그 규칙들을 받아들이고 넘어선 아이는 어떤 학습 과정들, 특히 학교 공부에서 성공하기 위한 조건들을 더 많이 갖게 된다.

따라서 여럿이 하는 실내 게임을 통해 우리는 점차적으로 가장 큰 이득을 아동의 유희 활동에 끌어들일 수 있다. 간단한 카드 게임들 그리고 7가문 게임, 작은 말들, 쌍륙, 도미노 게임들은 일반적인 놀이들을 훌륭히 대체하고 완벽히 보완할 것이다. 이것들은 모두 동일한 기능을 한다. 즉 다른 사람을 인식하고 존중하며, 이러한 태도에 뒤따르는 당연한 결과로서 규칙들을 정상적으로 받아들이게 한다. 이러한 관점에서 놀이들은 사회적 기능과 지적인 기능이라는 이중의 기능을 담당한다.

이러한 견해에는 또 하나의 견해가 내포된다. 혼자 하는 놀이들이 수행하는 역할에 대해 이미 언급했지만, 여기서 다시 경계할 필요가 있겠다. 어떤 기계나 전자 물품 앞에 아이 혼자 마주하게 하는 놀이들은 물론 유용성이 없진 않지만, 어떤 경우에도 사람(부모·형제자매·친구)을 대체할 수는 없다. 왜냐하면 이 물체라는 타인은 우리가 버린다고 해도, 심지어는 규칙을 어기거나 졌음을 인정하지 않으며 우리가 괴롭힌다고 해도 이의를 제기하지 않을 것이기 때문이다. 이러한 놀이는 단지 하나의 보완물일 뿐이다. 따라서 이것에 자신의 모든 시간을 들이는 아이는 그 증상들로 인간 관계에 있어서 어려움, 감정적인 불편함을 나타내는데, 이것에 대해 관심을 갖는 게 바람직하다.

□ 두려움을 극복하기 위해 놀기
아이가 자신의 몸을 의식하고 통제하는 법을 배우는 것은 우선적으로 놀이를 통해서라는 사실을 잊지 말자. 아주 평범해 보일지라도 이러한 자기 몸의 통제는 평온에 대한 아이의 요구와 관련해 결코 대수롭지 않은 일이 아니다. 자신의 몸을 통제하는 일은 두려움을 극복하게 한다. 일상의 수많은 예들이 이를 증거한다. 우리가 겪는 육체적 질병(물론 정신적 질병도)이 있다. 병은 우리를 불안하게 만든다. 더구나 병은 명확히 규정되지 않았을 때, 그것에 대해 전혀, 혹은 잘 알지 못할 때 더 불안하게 한다. 그저 단순한 감기는 우리를 조금도 불안하게 하지 않지만, 우리가 모르는 병에 걸렸을 때의 상황은 그렇지 않다. 의사가 병명을 알아내면 우리는 좀 안심하게 되고, 어떻게 해야 하는지 않다면 완전히 안심하게 된다. 하지만 완치가 안 되거나 모르는 병일 경우에는 당치도 않은 얘기다. 모두를 불안에 빠뜨렸고 현재에도 더욱 불안에 빠뜨리지만, 점점 명확해지고 그 윤곽이 드러나며 치료법이 좀더 효과를 보이고 있어 덜 두려운 것이 되는 듯한 에이즈가 그런 경우이다.

본래 병이란 몸에 대한 통제의 결여이다. 그리고 몸에 대한 통제의 결여는 두려움이다. 프랑수아즈 돌토는 차분하게 죽음을 맞았다. 그녀의 마지막 순간에 가까이 있었던 모든 사람들은 이를 증명할 수 있다. 그녀는 어느 날 마들렌 샹살[15]에게 죽음에 대해 다음과 같이 말한다. "있잖아, 많이 생각해 봤는데, 승인된 거세 때마다 존재에게는 어떤 발전·선·이점이 뒤따르잖아. 그런데 죽음보다 더 위대한 거세가 있을 수 있을까? 그래서 나는 저쪽 세상에서 우리를 기다리고 있는 진

---

15) 마들렌 샹살, 《프랑수아즈 돌토가 내게 가르쳐 준 것 Ce que m'a appris Fran-çoise Dolto》, Fayard, 1994.

보는 그에 상응할 거라고 생각해——아니 그러길 바라네." 정신분석가가 말하는 '승인된 거세'는 심리학자가 말하는 '승인되고 극복된 욕구불만'을 의미한다.

질병이, 더구나 죽음이 두렵게 하는 것은 우리가 그것을 통제하지 못하기 때문이다. 육체가 우리를 지배하고, 우리는 더 이상 그것을 통제하지 못한다는 얘기다. 아이는 자신의 몸짓(먼저 손을, 그리고 발을)을 조절하는 법을 배우며 두려움을 극복한다. 첫 걸음을 떼다가 혹은 첫 모험을 시도하다가 넘어지면, 아이는 아파서이기도 하겠지만 그보다는 두려웠기 때문에 운다. 그리고 가까이 있는 어른이 비명을 지르거나 호들갑스럽게 움직이고, 불안하게 서두르며 심각한 두려움을 표현한다면 아이는 계속해서 더 울 것이다. 어른이 느끼는 두려움은 아이의 두려움과 상호 작용을 일으키며 아이의 두려움을 증폭시키고 눈물을 흘리게 한다. 어른이 아이의 두려움을 부추기는 경우가 흔하다. 다음의 상자 글이 이에 대해서 보충 설명을 해줄 것이다.

점점 더 섬세한 활동과 놀이를 통해 아이는 자신의 몸과 육체적 두려움을 통제하는 법을 배운다. 심리적인 두려움과 관련해서도 비슷한 과정을 거친다.

앞서 술래잡기 놀이에 대해 언급했었다. 이 놀이는 다른 아이들이 사라졌다가 다시 나타나기 때문에 이별의 불안에 어린아이들을 적응시키는 훌륭한 방법이다. 다른 아이를 잃는 것은 일시적일 뿐이다. 아이는 술래잡기를 하며 살면서 겪게 될 이별의 불안들을 극복하는 법을 '배운다.'

물론 이 놀이 자체는 이별과 관련된 모든 불안들을 예고하지는 못하겠지만, 그 나름의 방식으로 이별을 잘 이해하게끔 도와줄 것이다. 이

무섭게 하는 놀이

어른의 반응이 아이의 반응을 좌우한다. 따라서 때로는 어른이 하나의 놀이로 간주하는 것이 아이에게는 완전히 다르게 경험될 수 있다. 요컨대 우리 모두가 경험하거나 목격할 수 있는 하나의 장면을 상상해 보자. 아이가 두려울 때마다 불안을 드러내며 품으로 달려들어 바짝 기대는 것을 엄마는(혹은 아빠는) 확인한다. 이러한 반응은 엄마를 '단지' 기쁘게 할 수 있지만, 엄마는 무엇보다도 어린아이에 대한 전능한 보호자의 느낌을 아이에게 준다. 따라서 엄마는 의식적인 악의가 전혀 없이 '놀이를 통해' 그러한 태도를 유발할 수 있을 것이다. 엄마는 어두운 방을 아이와 함께 가면서 다음과 같이 말할 수 있을 것이다. "아! 캄캄하다! 어쩌면 심술궂은 커다란 늑대가 나타날지도 모르겠네." 이렇게 함으로써 엄마는 단번에 기대했던 반응을 얻게 될 것이다. 엄마에게는 단지 '놀이'에 불과하지만 아이에게는 모르는 사이에 겁나게 하는 상황으로 경험된다. 그후에 아이가 어둠에 두려움없이 맞설 가능성은 거의 없다. 어른에게는 단지 '놀이'에 불과했던 것이 아이에게는 현실이 되는 것이다.

것은 실패를 보였다 감췄다를 반복하는 아이[16]를 관찰했던 프로이트의 말이다. 아이는 그렇게 하면서 상황을 주도하게 되고, 더 이상 수동적이 아니라 적극적인 아이가 되었다는 얘기다. 육체적으로 자신의 몸을 통제하는 법을 배운 것과 마찬가지로 아이는 낯선 상황을 심리적으로 통제하는 법도 '배운다.' 더욱이 학습은 즐거움 속에서 실제적 위험 없이 행해지면 더욱더 효과적이다. 도널드 위니코트는 10개월된 아

---

16) 지그문트 프로이트, 〈쾌락의 원리를 넘어서 Au-delà du principe de plaisir〉, in *Essais de psychanalyse*, Payot, 1989.

이가 주걱을 만지작거리는 것을 보고 이와 동일한 유형의 사실을 확인한다. 아이는 그것을 "책받침 밑으로 밀어넣어 잃어버렸다가 다시 찾는 놀이를 하며"[17] 장난치고 있었다. 프로이트, 위니코트와 같이 뛰어난 전문가들이 이러한 관찰을 했다면, 어느 부모라도 자신의 아기를 보고 이와 비슷한 관찰을 했을 것이다. 무릎 위에 또는 의자에 앉아서 엄마가(또는 아빠가) 주고 또 주는 것을 끊임없이 바닥에 던지고 또 던지며 확실한 즐거움을 느끼는 어린아이를 보고 누가 즐거워하지——이따금 짜증내지——않았겠는가? 물건이 다시 나타났을 때의 아이 웃음은 프로이트가 관찰한 아이가 느낀 기쁨과 같은 종류이다. 여기서도 아이가 통제하는(아이를 돌보는 어른의 호의적인 인내의 도움으로) 사라짐과 나타남의 현상은 무의식적으로 이별에 대한 불안의 극복으로 귀결된다.

우리는 놀이의 모든 이점들을 다음과 같이 요약할 수 있다. 즉 아이는 놀면서 스스로 배우가 되어 육체적으로 자신의 몸과, 심리적으로 자신의 마음을 통제하는 법을 배운다. 아이는 실제적인 위험이 없는 연출을 통해 무엇무엇을 하며 놀고, 스스로 무엇무엇이 된다. 이렇게 반복된 학습으로 인해 아이는 나중에 실제 상황들을 훨씬 침착하게 맞을 수 있다. 왜냐하면 정신생리학적 행동의 전략들을 유사요법의 방식으로 배치해둘 것이기 때문이다.

아이가 '어른 놀이'를 할 때의 과정도 이와 비슷하다. 아이는 자기 주변에서 볼 수 있는 본보기가 되는 사람들(교사·의사·아빠·엄마)처럼 행동하면서 자신과 그들 사이의 거리를 무의식적으로 줄인다. 이

---

17) 도널드 위니코트(Donald Winnicott), 《아동과 가족 *L'Enfant et sa famille*》, Payot, 1970.

러한 놀이는 현실과 아이의 내면 세계 사이의 중간 지대처럼 보인다. "우리가 노는 이러한 영역은 정신 세계 내부의 현실이 아니다. 그 영역은 개인 밖에 있지만, 그렇다고 외부 세계에 속하는 것도 아니다"라고 위니코트[18]는 명시한다. 그는 또한 《아동과 가족》에서 다음과 같이 강조한다. 즉 "놀이에 대한 소질에 기대하셔도 됩니다. 아이가 논다면, 한두 개의 증상들이 보인다고 해도 별로 중요하지 않습니다. 아이가 혼자 혹은 여럿이 하는 놀이에서 즐거움을 느낄 수 있다면, 사실상 걱정할 게 전혀 없습니다. 놀이에서 풍부한 상상력이 동원되고 놀이에서 파생되는 즐거움이 외부 현실의 정확한 인식에 달려 있다면 당신은 만족하셔도 좋습니다. 문제되는 아이가 요를 적시고, 말을 더듬고, 분노를 폭발하고, 반복되는 소화불량이나 우울증을 겪는다고 해도 말입니다. 놀이는, 우리가 충분히 적절하고 균형잡힌 환경을 제공한다면 아이는 살아가고, 결국에는 그 자체로 사회 전체에서 원하고 받아들여지는 완전한 인간이 되는 방식을 개인적으로 생성할 가능성이 있음을 보여줍니다."

편안해하고 다른 사람들과의 관계가 좋은 아이는 다양한 놀이들에서 기쁨을 느낀다. 놀이의 폭이 반복적이고 제한되어 있으며 끊임없는 동작에서만 '기쁨'을 느끼는 아이는, 자신의 불안들과 싸우며 시간을 다 보낸다. 이 아이의 '기쁨'은 꾸며낸 것이고, 긴장의 이완이라 말하는 게 더 옳을 것이다.

---

18) 도널드 위니코트, 《놀이와 현실 *Jeu et Réalité*》, Gallimard, 1975.

□ 꿈꾸기 위해 놀기

얼마 전에 한 아이의 엄마가 내게 말했다. "믿을 수가 없어요, 내 딸은 원하는 장난감은 다 갖고 있는데…… 글쎄 뭘 갖고 노는지 아세요? 포장 상자를 갖고…… 제 동생과 오두막집을 만들어요. 크리스마스에는 딸애에게 컴퓨터를 사줬는데…… 딸아이는 종이 상자들로 오두막집만 만들어 대요……."

우리 어른들을 꿈과 상상의 세계로 데리고 가는 경이로운 아이들! 어느 아이가 그런 오두막집을 만들어 보지 않았겠는가? 어느 아이가 이러저러한 가구 뒤 좁고 은밀한 곳과 거기서 공상에 잠기며 얼마 동안의 시간을 보내는 일을 좋아하지 않았겠는가?

물론 오두막집은 엄마의 자궁을 떠올린다(언제나 무의식적이라는 사실을 기억하자)는 점에서 어느 정도 퇴행의 양상을 띤다. '오두막집' 안에서 아이는 몇 년 전에 엄마 배 속에서 느꼈던 안정감을 되찾는다.[19] 이러한 안정감의 기초 위에서부터 아이는 꿈을 꿀 수 있다. 위험이 없으므로.

이 글을 읽는 부모들 역시 언젠가 자녀에게 멋진 장난감을 사주었다가 아이가 포장용품들을 갖고 즐겁게 노는 것을 보고 속상해했던 경험이 있을 것이다. 장난감은 그것을 사주는 어른에게는 어떤 의미가 있을지라도, 받는 아이들에게 반드시 동일한(심지어는 전혀) 의미를 주는 것은 아닌 게 사실이다. 이에 반해, 포장 상자나 끈은 아이들의 눈이나 마음에는 많은 이야기들을 담고 있는 대상일 수 있다.

간략하게 설명하면, 우리가 아이들에게 장난감을 주었는데 아이들

---

19) 어떤 면에선, 집으로 돌아와 자신의 안락의자에 있기를 좋아하는 어른도 이와 같은 성질의 어떤 것을 느낀다.

은 관심을 갖지 않는다! 실제로 그렇다. 부모는 이러한 놀이의 변화에 화를 내기보다는 기뻐해야 한다. 아이가——종이 상자들이나 끈, 포장용품 등 겉보기에는 흥미없어 보이는 다른 대상들을 통해——내면의 긴장들을 잘 풀고 자기만 아는 비밀의 꿈들을 잘 완성하고 있기 때문이다.

어쨌든 불가사의한 원천의 어떤 영향력에 의해서 상상의 세계와 창조적 에너지가 아이에게 온다고 주장하는 '타고나는 창조적 상상력'에 주의하시오! 분명히 말해, 문화적으로 빈곤한 환경 속에 혼자 있는 아이가 탁월한 창조성을 보여주는 경우를 나는 결코 보지 못했다. 손쉬운 방법과 미리 짜여진 도식들에서 나오는 창조성은 특별한 삶의 조건의 혜택을(경우에 따라서는 해를) 입는다. 오늘날 혼자 내버려진 아이는 천재성을 발휘하지 못한다. 상상력과 창조성, 새로운 것은 무에서 나오지 않는다. 이것들은 특별한 상황, 특별한 개성에서 그 뿌리를 찾을 수 있다. 나는 사회적인 성공을 개인적인 성공과 구별하며 성공에 대해 언급했다. 사회적 성공은 흔히 개인적 불안들을 이겨내고 얻은 결실이며, 개인적인 성공은 자기 자신과 타인에 대해서, 그리고 직장 생활에서의 원만한 인격을 잘 보여준다. 전자는 화려하지만, 후자는 그렇지 않다. 전자는 실제로 결코 차분하지 않지만, 후자는 그렇다.

꿈을 꾸는 아이에게 있어서도 마찬가지다. 아이가 때때로 현실에서 달아나는 데 소용되는 어떤 밸브에 비교될 만한 '기쁨의 꿈'이 있으며, 뜻하지 않게 어디에서나 훨씬 빈번하게 다가오며, 게다가 아이가 피하고 싶어하는 곤란한 현실을 보여주는 '도망의 꿈'이 있다. 더구나 대개 탁월한 창조성을 보여주는 대부분의 아이들은 첫번째보다 두번째 범주에 더 많이 속한다.

따라서 놀이의 수많은 기능들은 생리적인 면을 갖는 동시에 심리적인 면도 갖는다. 놀이는 아동의 발달 과정 속에서 기본적인 것이라고 말할 수 있다. **아동과 아동의 내면 세계와 외부 현실 사이에 어떤 중간**

자극할 것인가 꿈꾸게 놔둘 것인가?

아동과 놀이, 상상의 세계와 관련해 상상의 세계는 아무것도 취하지 않으며 틀에 박힌 활동들을 통해서 만들어지지도 않는다는 사실을 명시하는 게 좋겠다. 너무 적은 놀이도, 너무 많은 놀이도 상상의 세계를 죽인다.

아동은 여러 가지 제안 앞에서는 각각의 권유들을 스치기만 할 것이다. 아이의 접근법이 피상적이고 순간적일 우려가 있다. 한편, 첫눈에 생기는 호기심과 관련된 유일한 기쁨이 결국에는 아이의 관심을 불러일으킬 수 있는데, 그것은 호기심이 사라질까 하는 두려움에 끝없이 되살아나게 할 필요가 있는 기쁨이다.

신체와 정신의 발달과 밀접하게 연관되어 있는 다양한 관심들은 아이의 나이에 상응한다는 사실 또한 인식할 필요가 있다. 12개월된 아이는 퍼즐 놀이에 아무런 흥미가 없다. 그 나이에는 흔들 목마가 훨씬 더 재미있는 것이다. 자녀를 관찰하면서 아이에게 적합한 놀이를 줄 수 있다. 보다 정확히 말해 제안할 수 있다. 조작하고 듣고 보고 손으로 만지면 아이가 느끼는 기쁨들은 모두 지표가 된다.

게다가 부모가 할 수 있는 '최선'은 아이에게 제안하고 보여주고 함께 놀아 주는 것이며, 또한 아이 마음대로 하게 그냥 놔두는 것이기도 하다. 이 마지막 부분에서 아이는 관계를 만들고 가설을 세우고 추론하면서 또한 상상하고 꿈을 꾸며…… 정신적으로 편안해한다. 이 시간은 아이에게 속해 있으며 그동안 아이는 자기만의 내면 세계를 만든다.

지대가 있다. 현실적 어려움도 위험도 없이 현실을 배우는 방법이 있다. 그것이 처음으로 지능의 재료들을 만든다. 그것이 나중에 아이가 보다 학구적이고 지적인 일들을 하는 데 필요한 뉴런의 도식들을 다양화하고 견고하게 한다.

생각하기 위해 상호 작용하기

놀이가 지적 도구를 구성하는 데 결정적인 요소이기는 하지만, 그것만 있다고 되는 것은 아니다. 아이가 주변 사람들과 갖게 될 상호 작용들 또한 그러한 요소이다. 하나의 특별한 상호 작용을 기억해야 한다. 대화 말이다. 나는 말 그대로 대화를 의미하지, 다음과 같이 때때로 몇몇 부모들의 자녀들에게 말하는 것은 아니다. 이러한 관계에서는 명령이 "이거 해라 저거 해라, 이거 가지고 와라, 저리로 가라"와 같은 실용적인 말에 뒤이어 온다. 우리가 바라든 바라지 않든 이러한 유형의 관계가 존재한다. 특히 두 가지의 전형적인 예가 있다.

첫번째 경우는 불행히도 자녀들과 이러한 유형의 관계만 맺고 있는 몇몇 부모들에게서 볼 수 있다. 이러한 부모들은 그들 역시 자신들의 부모들과 그러한 의사소통만 경험했기 때문이다. 제레미는 이러한 경우의 심각한 예에 해당한다.

명령적이고 실용적인 관계는 직업과 관련된 이유들로 소요가 끊이지 않는 환경에서도 발견된다. 부모 혹은 부모들은 과도하게 일을 많이 하는 데 반해 자녀들과는 종종 너무 간결하고 피상적인 관계를 가진다. 즉 "시간이 없다." 시간이 없다는 것은 자녀들의 얘기를 듣고, 그들과 대화를 나눌 시간이 없다는 것이다. 모든 관계들은 급히, 따라서 실용 또는 필요에 의해 이루어진다. 그럼에도 불구하고 과도하게 일이 많은 부모는 안심한다. 대화의 부재 혹은 거의 부재와 같은 상태는 아이들에게 불이익을 준다. 다음 예에서 볼 수 있듯이 대화의 부재는 많은 파급 효과를 낸다.

많은 식구들 속에서 혼자인 제레미

제레미는 실제로 내가 운동장에서 볼 때마다 "제가 선생님과 같이 가도 되나요?" 하고 내게 물었다. 내가 보러 온 사람이 자기가 아닌 듯 아이는 "제가 언제 갈까요?"라고 강조했다. 제레미는 내가 이따금씩 만날 수 있는 아이들 중의 한 명이다. 제레미와 같은 아이들은 애정이 크게 결핍되어 있고 늘 다른 사람의 시선을 갈구한다. 제레미는 또래에 비해 허약한 편이다. 여덟 살인데 아직 초등학교 준비 과정에 다니는 아이 같다. 더구나 아이는 신체뿐만이 아니라 정신적으로도 어리다. 내가 처음 만났을 때 아이는 유아원의 중급 과정에 다니고 있었다. 그 당시에 나는 아이의 말을 이해하기가 힘들었고, 아이도 나를 이해하는 것을 대단히 어려워했다. 아이의 어휘는 매우 제한되어 있었고 문장의 구조라는 것도 거의 존재하지 않았다. 한편 아이는 굉장히 혼란스러운 환경 속에서 살고 있었다. 아이에게 집에서 누가 무엇을 하냐고 묻기가 불가능할 정도였다. 아홉 명의 자녀들 중 끝에서 두번째인 제레미는 많은 형제자매들과 일이 많아 정신을 못 차리고 있는 어머니와 살고 있었다. 어머니는 물질적으로 뿐만 아니라 문화적 · 정서적으로도 빈곤하다. 그녀 자신이 다 큰 아이이다. 그녀는 외관상으로 어른보다는 청소년에 훨씬 가깝다. 어린 소년의 아버지는 집에 없다. 사실상 제레미는 열 명의 식구들 속에서 외따로 있는 아이나 다름없다. 아이가 자신의 존재를 스스로 분명히 드러낼 수 있게끔, 자기 자신을 알고 자신이 누구이며 주변의 모든 사물과 사람들과의 관계에서 자신이 어디에 위치하고 있는지 알 수 있게끔 아이와 친밀한 관계를 아무도 맺고 있지 않기 때문에 아이는 홀로 있다. 어휘가 빈곤하고, 이야기하고 자기 자신에 대해 말하지 못하는 것이 이러한 측면을 잘 보여준다. 이 아이는 혼란 속에 있으며, 완전한 개인으로서 자신을 표현하는 일이 불가능하다. 유아원 때부터 아이에게 심리적 검사가 권고되었겠지만, 검사 빈도는 아이의 생활상에 따라 혼란스럽고 매우 불규칙했다. 지속적이고 정기적 검사를 받았다면 아마 아이는 자신을 더 많이 발견하는 일이 가능했을 것이다. 아이는 학교에서 그 방면으로 지원해 줄 도움을 얻을 수 있었겠지만, 학년이 올라감에 따라 그러한 시도에 필요한 지속성과 규칙성이 불가능했다. 나는 이 아이가 겪고 있을 고통의 심각성에 대해 여러 번 경고했다. 실제로 아이는 고통 그 자체였다. 아이는 '자신의 자아'를 찾지 못해 다른 아이들 앞에서 자신을 나타낼 수가 없었다. 이 아이는 다른 아이들과 비뚤어진 관계를 맺고 있었다. 아이는 다른 아이들의 마음에 들려 애를 썼고, 아이들과 어설프게 접촉했다. 다른 아이들은 차츰차츰 이 아이를 조롱했다. 이 아이는 마땅히 있어야 할 곳에 있지 않고 마땅히 해야 할 행동을 하지 않기 때문이다. 아이의 통학은? 아주, 아주 어려웠다. 아이의 상태를 반영하듯이 매우 불확실하고 불안정했다. 나는 여러 번 아이의 엄마를 만나 우리가 걱정하는 것들을 말해 주었다. 그녀는 좋은 쪽으로 결단을 내리지만…… 학교 문턱을 나서면 곧 잊어버렸다. 그녀는 제레미가 자신을 확립하는 일을 도우려고 자신이 모색하는 데 너무 열중했던 것이다. 제레미는 고통을 겪고 있으며 위험에 처해 있다. 아이 자신의 개성 부재로 인해 다른 아이들에 좌우되며, 그들로부터 해로운 영향을 받기 때문에 위험하다. 그래서 이 아이보다 훨씬 영악한 형들 중 하나가 가끔 아이를 길거리로 끌고 간다. 그러면 온갖 위험들에 대해 알 리 없는 제레미는 형을 따라간다. 그 위험들을 아이는 따져 보지 못한다. 아이는 그날그날을 살아간다. 이 아이는 이제 중학교 1학년임을 언급해야겠다. 아이는 실제적으로 예상하는 능력이 전혀 없고, 자신의 행동 결과들을 예측하지도 못한다.[20] 이로 인해 아이는 쉬운 먹잇감, 이상적인 희생양이 된다. 나는 이 소년이 전문 기관의 혜택을 받을 수 있도록 최근에도 청원서를 냈다. 소년이 자신을 찾을 수 있게끔 지속적이고 호의적인 관심을 보여줄 기관에 말이다. 최근 소식에 따르면 아이의 엄마가 이러한 계획에 반대했다고 한다. 앞에서 말했던 아르노와 마찬가지로 제레미는 핸디캡들을 누적하고 있다. 구조를 이루고 개성화된 대화의 부재가 이 소년의 특징이라면, 그것은 이 소년의 가족이 갖고 있는 수많은 결핍들 중의 한 단면일 뿐이다. 대화를 나누기 위해서는 두 사람이 필요하다. 아이와 대화하기 위해서는 먼저 대화를 시작하는 어른이 이미 어린아이의 말을 듣기 위해 충분히 자신의 존재를 나타내야 한다. 자기 자신을 알지 못한다면, 자신의 개성이 무너지기 쉽다면 어떻게 다른 사람을 도울 수 있겠는가?

---

20) 한편 비행소년의 일반적인 경향은 다음과 같다. 그날그날 살아가며 위험들을 실제로 예측하지 못한다. 게다가 연기된 기쁨이란 것을 전혀 모르며 당장의 즐거움만 인정한다.

□ 존중하기 위해 대화하기

이보다 앞선 저작[21]에서 나는 '자기 정체성의 추상적 지표'로서의 대화를 강조했는데, 이것은 대화란 자신의 정체성에 대해 인식하게 해 주는 것임을 뜻한다. 내가 너의 말을 듣고 너도 나의 말을 들으며, 네가 내게 말하고 나도 네게 말한다. 이러한 말의 교차, 언어의 탁구를 통해 아이는 우리들이 고려하고 듣고 존중하는 '자신'의 현재 상태에 대해 인식하게 된다. 이것은 아주 일찍 시작된다. 태어나자마자 아기는 말을 한다. 정말 그렇다! 아기는 말한다. 문제는 대부분의 경우 우리가 그 뜻을 이해하지 못하는 데 있다. 아기는 자기의 몸으로, 불평과 미소와 울음 등으로 우리에게 말한다. 하지만 우리에게는 우는 것만 보인다. "배고파요!" 또는 "목말라요!"(한편, 신기하게도 갓난아이와 그의 생리적 욕구에 관한 저작들의 대부분이 배고픔의 개념을 목마름보다 우위에 두고 있다. 신진대사에 있어서 목마름이 더 우선적인데 말이다)라고 주장하는 울음이 있고, 요구하고 간청하는 울음도 있다. 주장하는 울음은 강압적인데, 요구하고 간청하는 울음은 훨씬 완곡하다. 또한 순수하게 표현을 위한 울음소리도 있다. 즉 갓난아이는 소리를 내고 들음으로써 여러 감각들을 느낀다. 나중에 예민하게 만들 감각들 말이다.

다시 말하지만, 문제는 이러한 아기의 언어(몸짓·손짓·말을 통한)가 이해하기 쉽지 않다는 데 있다. 아기는 우리에게 말하지만 우리가 언제나 그 뜻을 다 이해하는 것은 아니다. 잘못 해석된 첫 대화들이 그

---

21) 《우리 아이들에게 어떤 지표를 주어야 할까? *Quels repères donner à nos enfants dans un monde déboussolé?*》, Albin Michel, 1996.

때부터 오해의 원천이 될 수 있다.

아기가 우리에게 말한다면, 우리도 마찬가지로 아기에게 말한다. 프랑수아즈 돌토[22]의 열성적 권유 이후로 사실이 명백하다고 해도, 그것은 그럼에도 불구하고 훨씬 경험적이고 확실히 눈에 덜 띄기 이전에도 정말 존재했었다.

자녀에게 말한다는 것은 자녀를 한 명의 완전한 대화 상대로 여기는 것이며, 가족 생활의 한 주역으로 여기는 것이다. 아이는 주체가 되며 더 이상 객체가 아니다. 여기서 우리는 주위 환경(예를 들면 프로이트의 실패, 위니코트의 주걱, 아기 의자에 앉은 아이의 작은 스푼 등이 있다)에 대한 아이의 영향력에 대한 본질적인 개념을 발견한다. 다시 말하지만 한 명의 대화 상대로서, 존중하는 완전한 개인으로서, 우리가 조금씩 존중을 가르쳐야 하는 사람으로서 당신의 아이에게 말을 해야 한다. 우리는 필요와 유용성을 넘어서 가족 계획과 일시적인 이별에 대해, 왜 슬픈지 왜 즐거워하는지 등에 대해 아이에게 말을 해야 한다. 그러한 것들이 아이에게 상관이 있기 때문이다. 하지만 주의해야 한다! 말한다는 것은 쏟아내는 것을 의미하지 않는다. 얼마 안 되는 명령적인 말과 참견하는 말 사이에 중간적인 표현이 있는데, 거기서 당신과 당시 자녀는 각자, 자신의 위치를 찾아야 한다. "긴장을 조장하는 언어적 테러 행위"는 "인간 관계와 관련된 소수의 말"과 마찬가지로 해롭다.

---

22) 프랑수아즈 돌토는 프랑스에서 갓난아이에게 또 하나의 지위를 부여했다. 그녀의 연구는 안나 프로이트 · 멜라니 클레인 · 도널드 위니코트 · 존 볼비 외도 많은 다른 학자들 작업의 연장선상에 있다.

'온순한' 아기, '얌전한' 아기

어떤 부모든 아기가 '온순한가?' 혹은 '얌전한가?' 라는 물음을 들어봤을 것이다. 때로는 부모 스스로 아기가 어떤지 행동을 주시하기도 한다. 능숙한 엄마 혹은 아빠는 '온순한' 과 '얌전한' 이라는 단어들을 상대화하고 제대로 해석할 줄 알지만, 그렇지 않은 부모들은 늘 그렇지는 않다.

몇몇 부모들은 불행히도 아기의 언어를 잘못 이해한다. 아기가 운다고? 그러면 자동적으로 배고파서 그런다. 그래도 계속해서 운다고? 그러면 아기는 지루해서 뭔가를 보여 달라고 그러는 것이다. 즉 아기는 심심한 것이다. 아기는 '얌전' 하지 않다. 여기서부터 상대의 이야기를 들으려 하지 않는 사람들의 대화가 시작된다. 곧, 아기는 부모가 이해하지 못하는 뭔가를 표현한다. 더 나쁜 것은, 때때로 아이가 벌써부터 부정적으로 규정되는 것이다. 예를 들면 "이 애는 갓난아이 때부터 온갖 고생을 다 시켰지……"라고 말이다. 사실은 "갓난아이 때부터 애 뜻을 이해하기가 어려웠어. 나는 이해하지 못했지" 라고 말하는 게 더 바람직할 것이다.

아기는 온순하지도, 얌전하지도, 심술궂지도, 못되지도 않다. 아기는 자기 방식으로 우리에게 말하는데, 우리가 다 이해하지 못할 뿐이다. 사실 다 이해하기란 힘든 일이고, 최선의 경우(만일 존재한다면!) 아무리 호의적이라 해도 부모들이 완벽히 모든 것을 이해할 수는 없다. 게다가 잘못된 해석은 큰 영향력을 갖는다. 뜻밖의 사소한 사건들은 인간 본성의 결함과 관련된 현실 원칙의 성격을 띤다. 아이가 이렇다 혹은 저렇다고 단번에 성격 규정하는 것을 피하고, 차라리 아이가 말하는 것을 우리가 언제나 이해하는 것은 아니라는 사실을 인정하는 게 중요하다.[23]

▢ 그저 대화하기

인간 관계에 있어서 최선의 방법은 언제나 대화이다. 그리고 대화는 당신 아이의 현재와 미래의 지성을 결정짓는 요소이다. 그 원인은 다양하다. **대화하는 것은 정보를 주는 것인데**, 이것은 확실히 대화의 첫번째 이로운 효과이다. 내가 아기를 품에 안고 아기에게 "저 예쁜 빨간색 튤립 좀 봐!"라고 말하면, 아기는 튤립을 보고 나를 쳐다볼 것이다. 나중에 아기가 말할 줄 알게 되면, 빨간 튤립 앞에 서서 내게 "이게 뭐예요?"라고 물을 것이다. 하지만 아기가 태어나서 몇 개월되었을 때 내가 그렇게 하지 않으면, 품에 안긴 아기에게 세상을 보여주지 않으면, 아기 주변의 세상을 말로써 소개해 주지 않으면 나중에 아기는 세상 앞에서 별로 관심을 갖지 않을 우려가 있다.

아마도 이러한 상호 작용이 없거나 너무 적어서 내가 놀라운 상황들을 겪게 되는 것 같다. 다음의 상황들을 생각해 보자.

— 초등학교 준비 과정의 한 여교사가 어느 날 내게 말했는데, 여섯 중 다섯 명의 아이들이 기관차가 뭔지 모른다고 한다. 학교에서 1백 미터 쯤 떨어진 곳에서 매일 다섯 번씩 기차가 지나가는데도 말이다. 아무도 아이들에게 지나가는 기차를 가리키며 그것이 뭐라고 말해 주지 않았던 것이다.

— 또 한 번은 한 여교사가 초등학교 초급 과정(여덟 살)의 자기 반 학생들과 나오는 것을 보았다. 그녀는 50미터쯤 떨어져서 아이들에게 한 역사적 기념물을 보여주고 있었는데 스물여섯 명 중에 스물두 명의 학생들이 그것의 이름을 몰랐다. 그 기념물은 학교 바로 옆에 있어서

---

23) 이와 마찬가지로, 우리는 아이가 저지를 수 있는 '소란'에 대해서도 말한다. 실제로 아이는 때론 엉뚱해 보일 수 있는 경험들을 한다.

모든 학생들이 하루에 두 번에서 네 번씩은 그 옆을 지나갔었다. 그 기념물에 대해서 부모들이 아이들에게 "봐라, 저것은 ……란다"라고 '그저' 말하지 않았던 것이다.

— 내가 종합 평가를 한 사무실은 내가 일하는 학교들 중의 하나에서 1백 미터 쯤 되는 곳에 위치한다. 나는 귀가하는 길에 아이와 수다를 떤다. 일곱, 여덟, 아홉 살된 소년 소녀들이 가로등, 도랑, 빗물받이 홈통, 배수구 뚜껑 등 살아가는 동안 수도 없이 만나게 되는 모든 것들을 명명할 줄 모르는 경우가 흔하다. 그들은 그것들과 부딪치지만 그것들에 대해 전혀 말하지 않는다.

대화하는 것은 정보를 주는 것이라고 말한다면, 미소 지을 수 있다. 당연한 이야기이므로. 하지만 이러한 확실성이 모두에게 똑같이 명명백백한 것은 아니다. 겉으로 하찮아 보이는 정보도 아이가 "가만히 있어!" "조용히 해!" "왜 그러니?"라는 말 외의 다른 것을 경험할 때에만 전달될 수 있다.

□ 숙고하는 법을 가르치기 위해 대화하기

대화에서 지적 과정의 도구들 하나를 발견하는 데 아무도 놀라지 않을 것이다. 그렇기는 하지만 훌륭한 대화에 필수적인 특성들은 무엇일까? 우선적으로 내가 다른 사람을 두려워해서는 안 될 것이다. 그와의 관계가 편해야 한다. 즉 타인이 나를 두렵게 해서는 안 된다. 만일 그럴 경우, 나는 모든 방어 전략들을 세우게 될 것이므로 나의 수용성은 크게 제한받을 것이다. 그 전략들로 인해 주어진 정보들이 선별되거나 또는 완전히 왜곡될 것이다. '상대의 이야기를 들으려고 하지 않는 사람들끼리의 대화' 혹은 오해가 우리의 의도를 완벽히 설명해 준다.

오해 혹은 대화의 불가능

일반적으로 오해라는 것은 언제나 안 듣는 것에서 시작된다. 한 명 혹은 두 명의 화자들이 현재 혹은 과거의 혼란으로 인해 심리적 평정이 깨져 오해가 시작된다. 이로 인해 대화 상대방 혹은 대화를 하거나 듣는 두 사람은 상대방의 메시지를 부분적으로 혹은 전부를 이해할 수 없게 된다. 그래서 "나는 이러저러한 게 걱정이 되어서 그의 말에 귀를 기울이지 못하겠어." 혹은 "나는 그의 말을 골라서 들어." 물론 귀기울이지 않거나 골라 듣는 사람은 이러한 방어 기제를 자각하지 못한다. 만일 자각한다면, 그는 다른 사람의 말에 귀기울이거나 상대화할 것이다. 이러한 방어 기제를 의식하지 않기 때문에 우리는 잘 안 듣거나 골라서 듣게 된 메시지를 오해하는 것이다.

예를 들어 보겠다. 만일 당신이 당신의 자아가 당신의 일과 일체가 될 정도로 일을 몹시 중시한다면 아무리 사소한 것일지라도, 당신의 일에 관한 지적은 당신 개인에 대한 비난으로 받아들일 것이다. 그래서 그 지적을 공격으로 여기고 상대적으로 매우 충동적이고 감정적이며 비정상적인 반응을 보일 수 있다. 편집광은 이러한 기제로 작동하는 것이다. 즉 다른 사람의 말은 그 무엇이든 자신을 공격하는 것이라고 생각한다. 그래서 공격성을 띤다.

나는 대화 상대와의 관계가 부드럽게 완화되었다고 인정하면, 그 다음에 관계의 전략을 세울 것이다. 나는 우선 상대가 내게 하는 말을 들을 것이다. 이것을 전문 용어로 '청각적 구별을 한다'고 말한다. 간단히 말해 나는 다른 사람의 메시지를 포착할 것이다. 그렇게 하면서 나는 교실에서 '선생님이 하시는 말씀을 듣는' 아이의 태도와 완전히 유사한 태도를 갖게 된다.

관례적 표현대로 '수업 시간에 잘 듣기' 위해서는, 사전에 남의 말을 듣고 남에게 말하는 법을 배웠어야 한다. "이 학생은 전혀 아니면 거의 말을 듣지 않아"라는 불평을 우리는 교사들로부터 얼마나 많이 듣는가? 그런데 우리는 이러한 아이들이 거의 대부분 가정에서 진정한 대화를 나누지 못하고 있음을 확인한다. 아르노와 제레미를 상기해 보자. 두 아이는 모두 사람들과 만족스럽지 못한 관계에 있었다. 이 아이들은 집에서 듣는 습관을 붙이지 못했다. 왜냐하면 듣는 것들은 흥미가 없고 강제적인 말들이었기 때문이다. 이 아이들이 교문을 넘는다고 어떻게 다른 태도를 취할 수 있겠는가?

듣기——또는 구두 메시지의 포착——는 지능 전개의 첫 단계이다 (시각 메시지의 포착이 어린 폴에게 유희적 지능 전개의 첫 단계였듯이).

두번째 단계는 우리가 다른 사람에게 말하는 것을 종합하고 분석하는 데 있다. 이 과정에서 효율적이기 위해서는 매우 특별한 정신적 자질을 갖는 게 필요하다. 예를 들어 내가 나 자신에 대해 확신이 별로 없다면, 사람들이 내 말을 이해할 것이라는 확신이 없다면, 이러한 불안에 의해 방해받게 되고 분석하는 데 최선을 다하지 못할 것이다. 예를 들어 이러저러한 이유로 당신에게 '깊은 인상을 주는' 한 인물과 당신이 대면하고 있는 상황을 상상해 보자. 그 사람이 당신에게 "잘 지내?" 하고 물으면, 메시지의 복잡하지 않은 의도로 보아 우리는 당신이 "그럼" 혹은 "아니"로 대답할 수 있을 거라고 추측한다. 이제 이 '인상 깊은' 사람이 당신과 훨씬 논리적인 이야기를 주고받으며, 당신에게 견해를 묻는다면, 당신은 그가 말한 것을 침착하게 종합하고 분석할 수 있을 거라고 이번에는 확신하지 못할 것이다. 왜냐하면 그의 메시지 중 일부를 당신이 이해하지 못할 우려가 있기 때문이다. 좀

더 간단한 예를 들면 자칭 '비수학자'라는 사람은 수학적 담화를 들을 때 어떻게 하는가? 그는 예의 바르다면 들을 테지만, 어쨌든 이해하지는 못할 것이다. 그는 이해하려는 수고를 할 필요가 없을 것이다.

자기 자신에 대해 확신이 없는 아이는 교실에서 이러한 상황에 있을 것이고, 기계적으로 완벽하게 메시지를 듣는다고 해도 자신감의 부족으로 인해 혼란을 겪을 것이다. 우리는 학교에서 이러한 학생들을 수도 없이 많이 예로 들 수 있을 것이다. 자신에 대한 확신이 없고 쉽게 다른 사람의 영향을 받으며 감수성이 예민한 아이들은 최선의 조건에서 이 두번째 단계를 이행할 수 없다. 그렇지만 이번에도 인간 관계의 측면은 무의식적이기 때문에 우리는 나중에 좀더 자세히 이것에 대해 전개할 것이다.

따라서 지금은 이 무의식적 요인들은 빼고 생각해 보자. 대화의 세 번째 단계, 즉 대답에 대해 살펴보자.

당신의 아이는 이제 당신이 들어준다면 당신에게 대답할 것이다. 그러면 대화는 계속될 것이다. 당신 쪽에서도 듣기 · 종합 · 대답이라는 세 단계를 실행한다면 말이다.

이처럼 우리는 대화에서 지능의 전개에서와 같은 동일한 세 단계를 발견한다.

— 메시지의 포착.

— 메시지의 분석과 종합.

— 대답.

이러한 점에서 대화는 학습 과정(여기서 학습한다는 말은 배우고 가르친다는 두 가지의 뜻으로 이해된다)에서 매우 중요한 예비 단계이다.

당신은 자녀와 진짜로 대화함으로써 나중에 그 어떤 지적 훈련에서도 배울 수 있게 도와주는 전략들을 자녀에게 무의식적으로 전해 준다.

호기심을 키우고 유지하기

□ 어린이는 '천성적으로' 호기심이 많다

이것은 프로이트가 인식론적 충동, 발견과 탐구의 충동이라 불렀던 것이다. 아기가 아주 작은 소리에도 귀를 기울이고, 특정한 어떤 사람이나 물건의 움직임을 바라보는 것만으로 우리는 이것을 이해할 수 있다. 아기는 생리적 조건들을 획득한 후, 입으로 가져가고 만지고 잡고 흔들고 두드린다. 아기는 기어다니며 차츰차츰 자기 주변을 탐색하고 보고, 특히 만지러 가고 가능하다면 입에 넣으러 갈 것이다. 걷는 데 익숙해짐에 따라 아기는 자기 주변에서 더 멀리 뭔가를 발견하러 갈 것이다. 말을 하게 되면 "어떻게?"에 뒤이어 차차 "왜?"가 "언제?"로, 이어서 "누가?" "무엇이?" "어디?"라는 말을 하게 될 것이다. 이러한 호기심은 어느 정도 고무될 수도, 억제되고 심지어는 사라질 수도 있다. 그건 상황에 따라 다르다.

□ 유아의 '천성적인' 호기심은 배양되어야 한다

스스로 이동할 수 없는 아기에게 움직이는 것을 주면, 아기는 그것을 관찰하고 서툴지만 만져 볼 수 있을 것이다. 이 단계에서 아기는 자기 방식대로 공동의 활동들을 '함께할' 것이다. 곧 아기는 고립된 공간, 요람에서만 시간을 보내지 않을 것이다. 그 나이에 필요한 휴식 시간 외에도 우리는 아기를 거실이나 주방에 둘 수 있을 것이다. 움직임과 빛·소리·냄새들이 아기에게 좋은 자극이 된다. 물론 우리는 아기에게 말하고 아기를 품에 안고 산책시키며 집 안을 살펴보게 할 수 있다. 그럼에도 불구하고 첫 몇 달간은 아기의 시력이 제한되어 있고 7, 8개월이 되어서야 몇 미터 안에 있는 것들을 식별하기 시작한다는 점을 명심하자. 우선적으로 우리는 아기를 만나는 사람들에게 소개해 줄 것이다. 예를 들면 할머니·이모·대부에게 말이다. 아기가 이해하지 못할 거라고? 아기 나름대로 이해한다. 아기는 감동하고 느끼고 만져 보고 감각들을 느끼고, 우리는 또 한 번 아기와 느낌을 함께한다. 우리가 먹이고 씻기고 안고 다니는 것은 하나의 사물이 아니다. 그렇게 함으로써 우리는 아기를 가족 생활의 한 주체가 되게 한다.

어떤 부모들은 그렇게 할 줄 모르고, 또 어떤 부모들은 그렇게 할 수가 없다. 전자는 그것을 경험하거나 배우지 못했기 때문이고, 후자는 개인적 문제들로 인해 너무 바쁘기 때문이다. 예를 들면 우울증이 있는 엄마는 그렇게 하기 어렵고 불가능하다. 그러면 최선의 경우 아빠나 형, 누나가 이러한 어머니의 결점을 완화시키기 위해 노력할 수 있다. 아기에게도 엄마가 당분간은 돌봐 줄 수 없음을 말해 줄 필요가 있다. 엄마가 원하지 않아서가 아니라 할 수 없기 때문이라고 말이다.

자녀를 최선으로 잘 돌볼 수 없다면 안됐지만 아이에게 그렇게 해야 한다. 일치 혹은 반대되는 반복의 과정[24]은 완전히 효과를 나타내서, 만일 이러한 부모와 아이를 아무도 도와주지 않는다면 빠져나오기 힘든 악순환의 고리가 만들어질 것이다.

---

24) 부모가 자신의 부모 모델을 그대로 재현할 때 반복 과정이 '일치한다'고 말하며, 부모 모델과 정반대의 입장을 취할 때는 '반대된다'고 말한다.

의지와 능력

의지와 능력은 부모의 죄의식을 일으키는 다양한 요인들 중의 하나다. 요컨대 이것은 그 유명한 '원하면 할 수 있다!' 라는 문구에 의해 수세기 동안 폭넓게 간직된 생각이다. 하지만 이것은 완전히 잘못되었다. 할 수 있으려면 원하는 것만으로는 충분하지 않다. 의지는 현재의 의식의 영역에, 가능성은 무의식의 영역에 속한다.

물론, 모든 부모는 잘하길 원한다. '가장 나쁜' 부모들조차도 때때로 더 잘하고자 하는 의향이 있다. 자기 자식의 성공에 대해 매우 불안해하는 엄마가 로레트에게 너는 "형편없다" "멍청하다" "잘하는 게 하나도 없다"라고 말할 때마다 자신의 말들이 지나치다는 것을 쉽게 인정한다. 그녀가 더 이상 그렇게 말하지 않으려고 한다고 내게 말할 때, 나는 그녀를 믿지만 그녀에게 말한다. "당신이 노력하지만 잘 안된다는 것을 알아요." 그리고 그녀가 죄의식에서 벗어나게 하기 위해 설명한다. 성공에 대한 그녀의 불안이 너무 강해서, 깊게 뿌리가 박혀서 학교라는 상황이 형성되면 그녀의 불안이 우세해져서 침착한 순간에 한 결심이 잊혀진다고 말이다.

이 엄마는 자신의 불안을 스스로 진정시킬 때에만 자신의 말도 제어할 수 있을 것이다. 그녀의 선의에 문제가 있는 것은 아니지만──내가 만나는 모든 부모들의 선의와 마찬가지로──무의식이 허락할 때에만 그녀의 선의는 적용될 수 있다.

그렇다면 어쩔 수 없다는 말인가? 아니다. 심리학자 · 정신요법의사 · 정신의학자 · 정신분석학자의 역할이, 이러한 사람들이 죄의식에서 벗어나고 좀더 차분하게 자기 자신을 다시 확립함으로써 자신의 의지를 실행하고 불안을 극복하도록 돕는 데 있기 때문이다. 바라기 전에 바랄 수 있어야 한다.

□ 당신 자녀의 동기 유발 발단으로서의 호기심

호기심 많은 아이는 언제나 자신이 관심을 가지는 대상들 속에서 동기를 부여받을 것이다. 더구나 거의 지루해하지 않는 아이들이지 않은가. 이러한 인식론적인 충동은 삶의 첫 순간부터 고무되고 유지된다. 그렇지만 우리는 어떤 편협한 미국인들이나 일본인 또는 프랑스인들까지도 여기저기서 저지르는 극단에 빠지지는 않을 것이다. 그러한 극단은 아이를 너무 일찍 지적으로 지나치게 자극한다. 그리고 신체적이고 감각적이며 특히 유희와 관련된 모든 것을 한쪽으로 제쳐둔다는 점에서 엄청나게 위험하다. 이러한 단계, 감각들을 제쳐두는, 또는 스쳐가게 두는 아이는 나중에 비싼 대가를 치를 위험이 있다. 지적인 성공만으로는 모든 사람들에게 필요한 감각적 만족을 최소한도 얻을 수 없다. 이러한 지나친 자극이 아이에게 일으키는 또래들과의 인간 관계의 문제들은 차치하고라도 말이다. 다비드를 상기해 보자.

그럼에도 불구하고 무관심에는, 제시하고 가리키고 질문에 대답하는(가능하다면!) 것으로 구성되는 중간항이 있다. 너무 금지하면 당신의 모험심 많은 미숙한 자녀의 기획 능력을 없앨 수 있다. 금지는 무엇보다도 위험성과 관련 있을 때여야 하고 아이가 이해할 수 있도록 설명도 같이 해주어야 한다. 이처럼 아이가 만지지 말라고 금하는 것보다는 안전장치를 두고서 놀게 놔두는 게 더 낫다. 아이가 이해한다고 느끼면, 왜 그것을 하지 말아야 하는지 설명해 준다. 어떤 물음에 대답할 수가 없다고? 아이에게 그런 질문들로 당신을 난처하게 한다고 하지 말고 모른다고 솔직하게 대답하라. 당신의 대답에 대해 확신하지 못한다고?(누가 확신할 수 있겠는가?) 아이에게 내 생각에는⋯⋯ 확실하지는 않지만 아마 그렇지 않을까⋯⋯. 나중에 배우게 될 거야라고 말하라.

조심하라! 당신은 프랑수아즈 돌토도, 유아 전문가도, 모든 것을 다 아는 박식한 학자도 아니다. 즉 당신은 참된 계시를 얻기 위해 끊임없는 탐구를 하는 게 아니다. 당신이 너무 단순화시키든, 도식화하든, 때로는 틀리든 그것은 중요하지 않다. 문제가 되는 것은 지속적인 강압의 말(언제나 내가 옳다! 이게 맞고 다른 것은 안 돼!), 모호한 말(아마 이것 아니면 저것일 거야……. 확실하지는 않지만 내 생각에는 등)이다. 이러한 말은 결코 아이를 안심시키지 못한다. 아이가 끊임없는 의혹, 허공에 의지하게 되기 때문이다.

놀이, 유희 활동들, 당신과 함께하는 상호 작용들, 대화, 이끌어 내고 키운 천부적 호기심이 당신 자녀의 생리적 지능의 기본 요소들을 이룬다. 유희 활동들은 수많은 신경회로들을 안정시키고 다양화하는데, 이 신경회로들은 나중에 다양한 학습에 이용된다. 상호 작용과 대화를 통해 아이는 들은 것을 종합하고 분석하는 동시에 듣기 전략, 타인에 대한 개방성과 유연성에 길든다. 결국 아이의 키워지고 북돋워진 천부적 호기심은 미래 동기 유발의 전제 조건이 된다. 정상적인 호기심은 정신의 개화, 욕구의 준비 단계인데, 이러한 것들이 지능과 수공·운동·예술적인 모든 전개에 있어서 본질적임을 우리는 알게 될 것이다.

이러한 기본 요소들을 통해 아이는 학교와 타인들, 그리고 나중에는 직업 생활에 최대한의 조건들을 가지고 접근할 수 있게 된다. 곧 이 것들이 당신 아이 지능의 기초적 도구들을 구성한다.

III
IQ로 측정할 수 있는 것과 측정할 수 없는 것

당신과 함께하는 다양한 유희 활동들과 상호 작용들, 또 그 외의 것들이 당신 자녀의 생리적 지능을 형성한다. 이러한 것들이 아이에게 많은 학습 전략들을 훈련시키고, 여러 지식들을 주는 동시에 다양한 뉴런 도식들을 안정시킨다.

오늘날의 대부분의 지능(여전히 '수준'이라 불리는) 검사들은 이 도식들과 전략들 모두의 또는 그 하나의 효율성과 배운 지식들의 습득을, 또는 이 중 하나를 측정한다. 문제는, 앞으로 지적하겠지만 이 검사들이 이 도식·전략·지식들의 제한된 일부분의 효율성만 측정한다는 데 있다.

이 검사들의 결과는, 우리가 원하든 원치 않든 애매하고 논란의 대상이 되기도 하는 측면이 있는 그 유명한 IQ로 수치화된다. 따라서 지능은 '측정'될 수 있는 것으로 여겨진다. 그런데 우리가 살펴보았듯이 여러 가지 지능들이 있으며, 어느 시기에는 어떤 지능들에 다른 지능들보다 사회적으로 더 높은 가치가 부여된다. 이러한 맥락에서 IQ에 대해 어떻게 생각할까? 몇몇 사람들이 원하듯 그것을 공개적으로 모욕을 주어야 할까? 지금도 여전히 그렇듯 그것을 지능의 유일한 지시대상이라 해야 할까?[25] 그것이 무엇인가를 측정할까? 만일 그렇다면 그것은 무엇이고 어떻게 가능한가? 약간의 이야기가 필요하다.

역사와 이야기

'멘탈 테스트'라는 용어는 1980년에 미국인 제임스 M. 캐텔의 글 속에서 처음 등장한 듯하다.[26] 그렇지만 진정한 측정 도구는 프랑스에서 처음으로 등장한다. 그것은 1905년에 알프레드 비네가 테오도르 시몽과 함께 발표한 '지능의 척도'와 관계된다. 르네 자조[27]는 다음과 같이 지적한다. "모두 알다시피, 비네는 지체된 아동들을 발견하기 위해, 지능 장애로 인한 더딤과 환경과 취학의 불리한 조건으로 인한 더딤을 최소한의 오차를 가지고 구별하기 위해 자신의 검사 방식을 구성했다." 1904년 10월에 특수 교육을 위한 정부위원회가 진단 방법을 고안하는 임무를 맡았다.

첫 지능 검사의 두 고안자들은 주체와 지능의 주체에 대해 많은 질문들을 고안했다. 비네는 1909년에 다음과 같이 명시한다.[28] "한 개인에게 가치를 부여하는 것은 무엇보다도 (지능) 전체에 의해서이다. **우리는 일련의 충동과 같다.** 우리의 행동으로 결국 표현되는 것은 모든

---

25) 최근(1998년) 지능의 유일한 지시대상으로서의 IQ가 특수 학급 학생들의 존재를 정당화하는지 또는 그렇지 못하는지 학교 교육상담원들에게 묻는 조사가 행해졌다. 여기서 우리는 아직도 해야 할 작업들이 교육부에 대한 것을 포함해서, 어마어마하게 남아 있음을 알게 된다.

26) 《교육심리학과 아동정신의학 용어집 Vocabulaire de psycho-pédagogie et de psychiatrie de l'enfant》, PUF, 1963.

27) R. 자조 · M. 길리 · M. 베르바라오, 《지능의 새로운 척도 Nouvelle Echelle métrique de l'intelligence》, Armand Colin, 1974.

28) 〈아동의 지능 발달 측정에 관한 새로운 연구들 Nouvelles recherches sur la mesure du développement intellectuel chez les enfants des écoles〉, L'Année psychologique, 1911.

오늘날의 지능 검사 한 가지: WISC III

오늘날에는 여러 가지의 '수준' 혹은 지능 테스트가 있다고 이미 언급했다.[29] 학교의 심리학과 일반적인 아동심리학에서 가장 많이 사용되는 두 가지 테스트가 WISC III와 KABC이다. 후자는 피아제의 관찰에서부터 나온 테스트들로 이루어지며 테스트를 거치는 사람이 도달하는 지적 능력의 수준을 측정한다.

WISC III(웩슬러 아동 지능검사)는 그 기원이 1949년까지 거슬러 올라간다! 그 표제에서 알 수 있듯이 이것은 미국인 데이비드 웩슬러의 이름에서 따왔다. 이것은 1981년과 1997년에 WISC R(수정된)과 WISC III로 바뀌며 연이어 두 번 현실화되었다. 이 테스트는 다섯 살에서 열여섯 살의 어린이들을 대상으로 한다. 네 살에서 여섯 살의 어린이들을 위한 또 다른 테스트가 웩슬러에 의해 1972년에 개발되는데, 그것은 WPPSSI(웩슬러 취학 이전 아동용 지능 검사)이다.

WISC가 확실히 가장 많이 이용되는 이유는 테스트의 폭이 넓기 때문이다(모두 열두 개의 테스트인데, 열 개는 필수적이고 두 개는 선택적이다). 그래서 이 테스트는 경우에 따라 더 '정확' ——또는 '덜 부당' ——하다.

열 개의 의무적 테스트들은 하나의 물리적 매체로 하는 다섯 개의 테스트(이른바 동작성 테스트)와 질문-대답 유형의(구두) 테스트 다섯 개로 구성된다. WISC로 얻어지는 IQ 평균은 100이고 표준 편차는 15이다. 다시 말해 한 집단의 3분의 2의 IQ는 85와 115 사이에 있다.

이 테스트는 분명 서구의 사회문화적 준거에 너무 치중해 있다. 그래서 물리적 테스트들은 갓난아이의 유희 활동과 유사한 반면에, 구두 테스트들은 문화적 또는 교과서적 유형의 일반 지식들(산술 · 어

---

29) 인격 또는 어느 능력, 학교에서의 혹은 취학 이전의 습득에 대해 관심을 두는 테스트들도 있다.

휘·학식 등)을 측정한다.

따라서 앞서 언급한 놀이 활동들을 경험하지 못했거나 거의 또는 안 좋은 조건에서 경험한 서구의 아이들(아르노·제레미 등 참조)은 이 테스트들에서 불리할 것이 확실하다. 그럼에도 불구하고 이 테스트는 확실히 오늘날 존재하는 아동의 지적 가능성을 측정하는 데 가장 '객관적'인 것들 중 하나이다.

충동들의 결과이며, 우리의 존재도 그 결과이다. **따라서 지능 전체를 높이 평가할 줄 알아야 한다.**" 또한 그는 1911년에 다음과 같이 덧붙인다. "테스트의 수가 많은 이상 그것은 별로 중요하지 않다. 테스트 하나는 의미가 없지만 대여섯 개의 테스트들은 뭔가를 뜻한다."

지능 측정 도구를 처음으로 공동 창시한 사람이 이미 그 도구의 상대성을 인식하고 있었음을 알 수 있다. 심지어 그는 다음과 같이 표현할 것이라고 말할 수 있다. 즉 "지능이라고? 그것은 나의 테스스로 측정되는 것이야!"

그럼에도 불구하고 지능지수의 기원은 비네가 아니다. 지능지수는 1912년 윌리엄 슈테른에 의해 등장한다. 그는 '정신 연령'을 실제 나이로 나누어서 얻은 수치에 '지수'라는 말을 사용한다.

절제하며 소비하기

완벽한 테스트란 존재하지 않으며 "테스트 하나로는 아무 의미가 없고 대여섯 개의 테스트라야 뭔가를 의미할 수 있다"라고 A. 비네가 말했다고 해도 그가 전적으로 옳은 것은 아니다. 실제로 이러한 유형의 테스트들은 무엇을 측정하는가? 제대로 자리가 잡히고 사전에 훈련된 신경 조직들의 효율성, 모든 지적 과정들과 습득된 모든 지식들의 정확성이다. 대여섯 개의 테스트들은 확실히 더 정확히 측정하겠지만, 어쨌든 지능 전체를 측정하지는 못한다. 특히 나중에 살펴보겠지만, 특별한 상황에서 지능들을 실행할 수 있는 아이의 능력은 측정하지 못한다.

여기서 우리는 이 흥미롭지만 매우 전문적인 논쟁으로 들어가지는 않겠다. 기억해 두어야 할 것은 **IQ란 많은 지수들 중의 하나일 뿐**이라는 점이다. 여기서 우리는 **WISC**로 얻어진 IQ에 대해 말하겠지만, 이 테스트가 가장 믿을 만하고 완벽한 것들 중의 하나이기는 하지만, 그 결과가 언제나 아이의 성공이나 실패를 예측하는 것은 아니라는 사실을 알게 될 것이다. 나는 **IQ**가 80인 아이와 83인 아이가 전통적 학업 과정을 따라가는 데 성공하는 것과, **IQ**가 90인 아이와 95인 아이가 특수교육을 받는 것, **IQ**가 129인 아이가 학교에서 매우 어려움을 겪으며 뒤쳐지는 것을 보았다. 바로 알렉시가 이러한 경우에 해당한다.

지능이 높은데도 실패하고 불행한 알렉시

알렉시는 IQ가 129다. 백이십구, 높은 편이다. 어쨌든 평균보다 높다. 그래서 알렉시는 지능이 높은 아이로 여겨진다.

알렉시는 아홉 살 반이 되었다. 이 아이에게 기쁨과 분노와 비슷한 것들을 뭐라고 표현하는지 물으면, 감정 · 반응이라는 대답을 들을 수 있다. 알렉시와 대화를 나누는 일은 정말 즐겁다. 이 아이는 인간 관계에서 꼭 어른처럼, 아주 정확한 언어로 아주 능란하게 설명하기 때문이다. 이 아이는 아주 쉽게 대화를 나누고 자신의 감정을 숨기지 않는다. 하지만 차차 알게 되겠지만 불행히도 이 아이는 감정적으로 상당히 어둡다.

알렉시는 초등학교 4학년(CM1)이다. 내가 이 아이를 살펴보게 된 것은 아이를 유급시켜야 할 것인지 아닌지의 문제가 제기되었기 때문이었다. 정말 그렇다! IQ가 129인 알렉시는 학교 공부에 어려움을 겪고 있었다. 어떻게 그렇게 되었는지 이해하려면 아이의 내력을 살펴보아야 한다. 어쨌든 아이의 최근 내력 말이다.

알렉시는 이미 학교를 네 번 바꾸었다. 작년에는 부모가 이혼을 했다. "부모님이 크게 싸우셨어요"라고 아이는 간략히 말한다. 하지만 아이는 분명히 말한다. "저는 어떻게 해야 할지 몰랐어요. 부모님이 왜 이혼하셨는지 알겠지만 왜 싸우셨는지는 모르겠어요. 제게는 충격이었어요. 전기 충격을 받은 듯이 저는 3주 동안이나 울었어요."

이 아이의 학교 성적은? 아이가 말한다. "1학년 때는 아주 잘했고, 2학년 때는 보통이었는데, 지금은 별로 못해요." 아이는 그 이유를 알까? "아주 공부를 못해서 복수하고 싶었어요. 저는 나쁜 길로 들어섰지만 다시 올라갈 수가 없었어요."

학교와 친구들에 대해서 어떻게 생각할까? "저는 정말로 저 밑에 있는 느낌이에요. 학교에서는 형편없어요. 그들은 저 위에 있지만, 저는 이 아래에 있어요." 알렉시는 하늘을 가리켰고, 이어서 땅, 지면을 가리키며 말했다.

이 아이는 친구들과의 관계에서 어려움을 겪는다고 여러 번 얘기한다. "여자애들은 나보고 더럽다고 해요." 이 아이에게는 쥘리앙이라는 친한 친구가 한 명 있지만, "그 애는 나를 놀리고 이용해요"라고 말한다. 이처럼 알렉시는 동등하게 대해 주는 어른들과는 편안해하지만, 또래들 사이에서는 자기 자리를 찾지 못한다.

아이가 따뜻한 관계를 맺고 있는 듯한 유일한 존재는 새끼고양이 알퐁스이다. "알퐁스는 정말 특별해요"라고 아이는 웃으며 말한다. 프랄린이라는 개도 있다. 동물들에 대해 말할 때 아이의 눈은 빛난다. 아이는 먼저 키웠던 브리앙틴이라는 개가 죽었을 때 몹시 슬퍼했던 얘기를 하며 다시 슬퍼했다.

아이는 상급 학년으로의 진급에 대해서 어떻게 생각할까? 아이는 모두의 웃음거리가 되고 싶지 않아 올라가고 싶어했다. 아이는 다음과 같이 토로한다. "여기 그대로 남고 싶지 않아요. 생-아……로 돌아가고 싶어요." 사실, 전에 다녔던 생-아……에서는 모든 게 다 잘 되었었다. 학교·가족·친구들 모두. 아이 엄마는 이 모든 사건들로 인해 당황하고 있는 듯했다. 그녀 역시 자신의 가치를 낮게 평가했다. 물론, 그녀는 최선을 다하고 있었지만 전 남편이 아이 돕는 것을 원하지 않았다. "그는 알렉시와 재밌는 일들만 하죠. 저는 날마다 강요만 하구요." 이러한 상황은 아이 아빠가 나를 만나는 것을 거부하는 것으로 악화되었다. 마치 아이 아빠는 이 거북한 상황에서 달아나려는 듯했다. 결국 그를 만날 수 있도록 행정위원회가 소집되어야 했다.

사실, 이 아이의 부모는 정반대의 교육 원칙을 가지고 있다. 엄마는 엄격한 반면에 아빠는 지나치게 너그럽다. 더 심각한 것은 이렇게 다른 교육 방식들을 서로 존중하지 않으며, 아이의 눈에도 부모가 서로 신뢰하지 않는 듯 보인다는 데 있다. 엄마는 약간의 우울 증세를 보이고 아빠는 거짓 자신감을 과시하며, 일반적인 교육제도와 사회에 거부감을 감추고 있다.

나는 알렉시가 집에서도 도움을 얻을 수 있도록, 알렉시뿐만 아니라 아이의 어머니에게도 심리 검사를 권할 것이다. 아이의 아버지는 반복되는 권유에도 불구하고 개인적인 만남을 계속 피했다.

여러 번 강조했듯이, 단 하나의 원인만으로 중대한 어려움 또는 문제가 야기되지는 않는다. 여기서도 부모의 이혼이 어린 소년이 겪는 고통의 유일한 원인은 아니다. 그것도 한 원인이기는 하지만, 그 전에 스트레스를 받게 하는 상황 전체가 원인이 된다. 그리고 부모의 완전히 다른 인격들, 특히 불안정한 인격도 원인이 된다. 아이의 어머니는 우울증을 보이고, 아버지는 거짓 자신감으로 불안을 견뎌낸다. 여기에다가 반대되는 교육 원칙들과 서로 대치하는 상황이 덧붙여진다. 교육 원칙들이 다르다는 것은 골치 아픈 일이지만, 아이가 보는 앞에서 서로 존중하지 않을 경우에는 정말 큰 문제가 된다. 왜냐하면 아이는 어떤 모델을 따라야 할지, 어떻게 자신을 조직하고 어디에 기대야 할지 알 수 없기 때문이다.

이 아이가 학업에서의 어려움을 겪는 것은 심리적으로 학교에 신경쓸 여력이 없기 때문이다. 아이의 온 힘은 불안들과 싸우는 데, 그것을 이해하고 혼란 속에서 자신의 자리를 찾기 위해 애쓰는 데 동원되었던——그리고 지금도 그렇다——것이다.

아이의 인간 관계에서 어려움의 원인은 또래들과 균형이 맞지 않는 알렉시의 정신적 원숙함과 사고 수준, 그리고 감정적 요구에서 찾을 수 있다. 아이의 지능, 사람과 사물들에 대해 생각하는 능력은 또래들의 사고 수준과 같지 않다. 그래서 아이는 자신의 기대들을 잘 이해하는 어른들과 있을 때 더 편안함을 느낀다. 알렉시의 감정적 요구 또한 너무 커 가정에서 만족하지 못하고, 이 아이와 같은 문제를 겪지 않는 친구들은 이 점에서 알렉시와 조화를 이루지 못한다.

한편, 알렉시가 자신을 이용한다고 하는 가장 '친한' 친구 쥘리앙 또한 집에서 맞는 불쌍한 아이이다. 두 아이는 서로를 찾지만 잘 맞지 않았다. 이 아이들은 요구하는 게 같다. 둘 다 동일한 욕구에 따르지만, 언제나 상대의 요구에 부응해 줄 수 없고 서로를 잘 이해하지 못한다.

알렉시의 사례를 통해 우리는 IQ를 어느 정도까지 상대화해야 하는지 알 수 있다. IQ는 아동의 독특한 역동성에서 고려해야 할 여러 요인들 중의 하나일 뿐이다. 이것을 과대 평가할 필요도, 과소 평가할 필요도 없다.

어떤 이들은 이렇게 경계하는 것에 대해 환영하고, 또 어떤 이들은 당황할 것이다. 이제부터는 어떻게 생각해야 하는가? IQ가 좋은데 무엇 때문에 실패하는가? 수치로는 정상인데도 무엇 때문에 어려움을 겪는가? IQ가 좀 낮은데도 무엇 때문에 잘해 나갈까?

IQ의 한계

당황한 독자들에게 이러한 생각을 이해시키기 위해, 우리는 또 하나의 구체적인 사례, 에밀리의 경우를 살펴보겠다. IQ가 108(따라서 평균보다 약간 높은 편)인 이 어린 소녀가 어떻게 읽기와 수학에서 어려움을 겪게 되는지 살펴볼 것이다. 아이의 담임교사인 유능하고 호의적인 여교사가 유급의 가능성을 자문해 볼 정도로 이 아이는 어려움을 겪는다.

에밀리, 혹은 IQ의 상대성

에밀리가 학교 공부에서 느끼는 어려움은 어떤 것들일까? 선생님은 이 여자아이를 코드를 판독하고(이 아이는 읽은 내용을 판독한다) 읽은 문장의 끝을 그럴 듯하게 예측할 줄 아는 아이로 묘사한다. 에밀리는 대체적으로 문장을 시작하여 그뒤를 다소 '지어낸다.' 제일 난처한 일은 "아이가 자신이 읽은 것을 잘 이해하지 못하는 것이에요"라고 교사는 덧붙인다. 에밀리는 산수에서도 마찬가지로 어려움을 겪어, 지시가 조금 복잡해지면 어찌할 줄을 모른다.

에밀리와 그 어머니를 전에 만났었기 때문에 검사는 아주 좋은 조건에서 이루어졌다. 이 만남을 통해 나는 꽤 많은 사항들을 알았다. 첫번째, 에밀리는 큰 키와 여덟 살의 나이에도 불구하고 어머니에게 크게 집착했다. 정신분석적으로 '의존적 아이'라 말할 수 있다.

어째서 그렇게 집착하는가? 여기에는 여러 가지 이유들이 있다.

— 아이의 어머니는 아이가 태어나자 일을 그만두었다. "아기를 돌볼 시간이 너무 없어서" 아기가 힘들어했기 때문이다. 여기서 우리는 모순되는 반복의 과정을 볼 수 있다. 육아로 어머니가 일을 포기함으로써 자녀에 대한 강한 집착이 초래되었다.

— 두번째 원인은 아이의 어머니에게 있다. "저도 얘 나인 땐, 얘와 똑같았어요." 그 의미란? "저는 소심하고 조심성이 많았어요. 신체적으

로는 컸지만 저를 잊게 하기 위해 뭐든 다했어요." 그리고 에밀리에게 "어른이 된다는 건 귀찮은 일 아니니?" 하고 말한다. 여기서 우리는 확신과 자신감이 없고, 따라서 그러한 것들을 자녀에게 주기 어려운 어머니의 흔한 도식을 발견한다.

— 세번째 원인은 아버지의 부재에 있다. 아버지의 많은 활동, 일에서 기인하는 아버지의 부재 말이다. 지금 문제가 되는 것은 '나쁜' 아버지도, '나쁜' 어머니도 아니다. 꽤 흔한 도식으로, 불안에 사로잡힌 어머니는 자신만이 아이를 정말 도울 수 있다고 생각한다. 따라서 어머니는 아이와의 관계에서 아버지를 배제한다. 물론 무의식적으로 말이다. 이러한 배제는 아버지 역시 불안해할 때 더 쉽게 이루어진다. 아버지는 회피하여 평안을 찾을 것이다.

— 네번째 원인은 앞선 과거에서 유래한다. 에밀리는 학교 외의 바깥 활동을 전혀 해본 적이 없는 것이다. 집에서 편안해하는 에밀리는 밖에서는 겁이 많아진다. 어떤 수준에 도달하지 못할까 봐 두려워한다. 부모도 아이가 '감행하도록' 부추기지 못한 결과 아이는 할 수 있고 할 줄 아는 것을 결코 시도해 본 적이 없다.

어머니에 대한 집착·소심함·자신감의 결여 등 에밀리의 의존적인 측면은 서로 밀접한 관계가 있으며 누적된 이 네 가지 원인들로 설명된다. 또한 에밀리는 '자아'가 제대로 확립되어 있지 않으며 쉽게 영향을 받는다(아직도 어머니의 지나친 영향하에 있기 때문에). 이 어머니와 아버지는 자녀를 확실히 사랑하고 있음을 다시 한번 강조한다. 그들은 자신들의 방식으로, 그들만의 심리적 방법으로 아이를 사랑한다. 다시 한번 강조하지만, 그들은 자신들의 능력 내에서 최선을 다하는 것이다.

이러한 사실들을 통해 두 가지 의문점이 제기된다.

— 어째서 지능 검사의 결과가 그렇게 만족스럽게 나왔는가?

— 그 결과와 비교해 볼 때, 학업에서 왜 어려움을 겪는가?

에밀리가 테스트에서 좋은 결과를 얻은 것은 가정에서 놀이를 통한 자극 · 대화 · 상호 작용 · 호기심에 대한 격려 등 생리적 지능 발달에 필요한 모든 도구들을 주었기 때문이다. 게다가 에밀리는 아이의 지능 발달에 우선적으로 필요한 감정적 안전이라는 필수 요소를 받았다. 이 모든 것들이 아이에게 충분히 주어졌던 것이다.

반면에 이 아이가 얻지 못한 것은 개체화 혹은 정신적 독립에 대한 접근이다. 아이는 여전히 어머니 옆에 '바짝 붙어' 있으며, 어머니 곁에서 떨어지지 못한다. 그렇게 하도록 허용하지 않았기 때문이다.

이 아이가 왜 테스트에서 좋은 성과를 보였는지 이것이 설명해 준다. 즉 테스트 환경에서 아이는 안정감을 느꼈고 호의적인 감독관의 존재로 인해 안심했던 것이다. 이러한 조건에서 아이는 자신이 얻은 모든 도구들을 안심하고 사용할 수 있다. 아무것도 이 아이를 불안하게 하지 않고 위협하지 않으며, 자신의 역량을 발휘할 필요가 없다. 다른 아이들에게서와 마찬가지로 나는 이 아이에게도 "너희를 돕기 위해 있는 것이야"라고 미리 알려 주었기 때문이다. 어떤 면에서 나는 아이가 기댈 수 있는 어머니의 대리인이다.

반면에 교실에서는 도식이 완전히 달라진다. 반에서 이 아이는 다른 아이들 사이에서 혼자인 것이다. 경쟁이 있으며, 교사가 아주 호의적이라 하더라도 매 순간 아이의 뒤에서 아이를 격려하고 고무할 수는 없다. 따라서 아이는 경쟁 상황에서 자기 자신만 의지할 수밖에 없다. 그런데 아이는 이 불가결한 독립심, 자기 자신에 대한 확신을 획득하지 못했기 때문에 용기를 내지 못하고 공포에 사로잡히며 자신의 수단들을 잊는다.

읽기에서 이 아이는 자신의 역량을 발휘해야 하고 평가받을 것을 알기 때문에 해독하고 이해하는 데 대단한 에너지를 쏟을 것이다. 아이는 어머니에게 집착하듯이 단어들에 집착하며 이해하는 데 필요한 거리를 두지 못한다. 이 아이는 아무런 문제없이 글을 읽는 데 필요한 모든 도구들을 가지고 있지만 그것들을 '혼자서' 사용할 수가 없다. 충분히 개체화되지 못했고, 충분히 자신을 긍정하고 자신에 대해 충분히 확신을 갖지 못했기 때문이다.

그럼에도 불구하고 안심할 수 있는 것은 에밀리의 문제는 그리 심각하지 않다는 것이다. 더구나 에밀리는 상급 학년으로 올라갔고, 우리는 아이 인격의 이러한 특별한 측면을 부모에게 죄의식을 느끼지 않게 지적했으며, 앞으로 따라야 할 몇 가지 코스들을 권해 주었다. 실제로 한 가지는 확실하다. 에밀리의 이 특별한 측면에 대해 아무 조치도 취하지 않는다면 아이는 학업에서 지속적으로 어려워할 것이고, 자신이 갖고 있는 도구들을 영원히 사용하지 못할 것이다.

여기서 우리는 IQ가 측정하는 것과 측정하지 못하는 것을 이해할 수 있다. IQ는 어느 정해진 순간의 얼마만큼의 지적이고 실제적인 전략들과 습득한 지식들을 측정하지만, 아이가 습득한 도구들을 학급에서 이용하는 능력은 측정하지 못한다. 그것들을 이용하고자 하는 아이의 욕구도 측정하지 못한다.

그런데 이러한 능력은 필수적이다. 극히 중요하다. 장인이 세상에서 가장 훌륭한 도구들을 가지고 있다 해도 사용하길 두려워한다면 그것들이 다 무슨 소용이 있겠는가? 만일 평가받기를 두려워한다면? 혼자서 스스로를 책임질 수 없다면? 그렇게 하기를 바라지 않는다면? IQ 는 몇몇 도구들(이미 언급했듯이 전부는 아니다)을 측정하지만, 그것들 을 가지고 있는 사람의 사용 능력(또는 욕구, 또는 둘 다)은 결코 측정 하지 못한다.

아이의 지적 원동력을 측정하기 위해 IQ만 고려하는 것은, 아이의 성격, 따라서 변화 가능성의 3분의 2를 제쳐두는 것이다.

알렉시도 에밀리와 같은 상황이었다. 도구들이 완벽했지만 그렇다 고 학업에서의 효율성이 만족스러운 것은 아니었다.

IQ와 도구들을 사용하는 능력 혹은 욕구는 별개다. 어째서 정상 범 위 내의 IQ를 가진 어떤 아이들은 특수 학급에 있고, 이 아이들과 동 일한 IQ를 가진 또 어떤 아이들은 잘해 나가는지가 이것으로 설명된 다. 도구란 그것을 사용하려는 욕구나 사용 능력과 같은 것이다. 다음 항목에서 우리는 아이에게 주어야 하는 요소들과, 지적 도구들을 사 용하는 능력과 욕구에 대해 살펴볼 것이다.

잠시 에밀리에게로 돌아가 우리가 직면한 것은 학업의 어려움이지 학업 실패가 아님을 확인하겠다. 에밀리에 대해서는 부분적으로 불안 한 애정이 문제라고 말할 수 있다. 개체화의 과정(정신분석학의 용어 로는 '오이디푸스의 결단')이 다양한 이유들로 인해 이루어지지 못했 다. 이러한 확인을 통한 우리의 목적은 다시 한번 말하지만, 안심시키 는 것이다. 심각한 학업 실패가 야기되는 것은 여러 원인들이 안 좋게 축적되었을 때이다.

IQ는 변할 수 있는가?

결국 IQ는 어느 주어진 순간에 몇몇 후천적인 신경 도식, 실행된 지적 전략들, 배운 지식들을 측정하지만 그것들을 이용하려는 아이의 욕구도, 능력도 측정하지 못한다. 이때 **어느 주어진 순간**의 정확성은 매우 중요하다. 이것은 IQ가 변할 수 있음을 또는 퇴보할 수 있음을 의미하기 때문이다.

아이의 개인적이고 환경적인 원동력이 변할 때, 다시 말해 아이가 다른 신경 도식들, 다른 지적 전략들, 다른 습득한 지식들에 적응하도록 하는 개인적이고 환경적인 상황의 변화가 있을 때 변화가 있다. 일례로 우리는 조리스의 경우를 들 수 있는데, 이 아이는 2년 동안에 IQ가 20포인트 올라갔다. 그 결과 아이는 특수교육을 면할 수 있었다. 이 아이의 IQ가 나아질 수 있었던 것은, 아이의 연습 때문만이 아니라 특히 아이를 다르게 볼 수 있게 된 아이 엄마의 연습 때문이었다. 아이의 엄마는 관계를 변화시키고 소년이 지적으로 향상할 수 있도록 할 수 있었다. IQ의 향상은 가족이라는 원동력이 변할 때에만 가능하다. 아이 혼자서만 향상될 수는 없다. 아이 주변에서 아이가 향상될 수 있도록 해야 한다.

확실히 IQ는 고정된 요소가 아니다. 진보 또는 퇴보가 가능하다. 처음에 제대로 진단하고, 아이와 주변 사람들에 대해 인식하며, 아이가 겪는 어려움의 원인을 바꾸기 위해 주변 사람들이 협력할 수 있다면 아이의 IQ는 바뀔 것이다. 그러면 IQ와 함께 새로 얻게 된 잠재력을 사용할 수 있는 아이의 능력과 욕구도 변할 것이다. 하지만 아이 주변

이 하나도 변하지 않는다면 IQ는 변하지 않고 심지어는 퇴보할 것이 명백하다.

낮은 IQ와 그것의 의미

나는 일곱 살 이전에는 한 번도 지능 검사를 받아 본 적이 없다. 이유는 간단하다. 매우 상대적인 어떤 수치를 앎으로써 의식적 또는 무의식적으로 어떤 효과들을 야기할 필요가 없어서였다. 그러나 만일 그 나이에, 하물며 더 나이가 들어서 IQ가 낮게 나온다면(70 이하라면), 그 원인에 대해 여러 가지 가설을 세울 수 있다. 물론 체질적 원인들은 제외하고 말이다.

낮은 IQ는 다음과 같은 것들로 설명된다.

— 유희적 자극이 적음.

— 가족, 언어 등의 상호 작용이 너무 적음.

— 인식론적 충동이 자극을 받지 못함.

— 감정적 또는 교육적, 또는 두 가지 모두의 관계들에 혼란이 있다. 이로 인해 아이는 충분히 예비 학습을 받지 못했고 현재도 그렇다.

IQ가 70 이하인 아이는, 아이와 아이 주변 사람들의 인식과 그들의 대대적인 동원이 가능한 경우를——이러한 경우는 매우 드물다는 사실을 알아야 한다——제외하고는, 확실히 학업에 대한 예후가 안 좋다.

IQ는 아이의 지적 윤곽의 한 면을 보여준다. IQ는 지능의 생리적 도구들의 풍부함을 측정한다. 그러나 지능의 감정적 또는 교육적 조건들 또는 둘 다의 질은 전혀 측정하지 못한다. 그런데 이것이 아이에게

선택적인 치료법과 필수적인 치료법

심리 치료는 개인과 인간 관계의 회복뿐만이 아니라 지적 회복의 측면에서 아이를 향상시키는 탁월한 방법이다. 이 치료는 부모들의 분명한 혹은 암묵적인 동의와 함께 이루어져야 한다. 그렇지 않으면 부모는 치료의 모든 영향력과 신빙성을 부인하며 자신의 아이를 누군가에게 맡기게 된다. 만일 부모가 치료를 어떤 강압으로 여긴다면, 아이에게 그 치료는 효과가 없을 것이다. 아이와 부모 모두에게 부정적인 행위로 경험될 것이기 때문이다. 그렇기 때문에 우리는 아이에게 강제된——어떤 조직 혹은 다른 사람에 의해——치료의 효율성에 대해서는 크게 의심한다. 치료란 준비되고 설명되어야 한다.

학업에 어려움을 느끼는 학생의 불안을 덜어 주기 위해 바로 CMPP(교육심리의료센터)나 CMS(사회의료센터)로 상담을 보내는 교사는 걱정스러운 문제를 면하기는 하겠지만 아이의 문제는 하나도 해결하지 못한다. 일거에 다른 누군가에게 문제를 전가할 뿐이다.

학교의 교육상담원에게 의뢰하는 게 바람직하다. 좀더 객관적으로 아이를 안심시키고 과정에 대한 자세한 내용을 설명해 줄 수 있기 때문이다.

자신의 지능을 사용할 수 있도록 능력과 욕구를 준다. 이 감정적·교육적 조건들이 좋다면, 아이는 자신의 지능을 최고로 사용할 수 있을 것이다. 하지만 그렇지 않다면 IQ가 어떻든지간에 어려움을 겪을 것이다.

IV
정서가 지성을 방해할 때
감성적 지능에 관하여

'가슴'과 이성

정서가 이해력에 영향을 미친다는 사실을 우리 모두는 오래전부터 알고 있다. 이 사실에 대해 여전히 의심한다면 일상 생활에서 수많은 예들을 살펴볼 수 있을 것이다. 여기, 그 중에서 한 가지만 살펴보자.

질투로 인한 비극적 사건[30]

남자는 사냥용 나이프를 갖고 있었다. 이 남자는 밤새도록 O 대로 S 거리에 세워둔 자신의 차 안에서 적수, 연적, 즉 한 달 전 아내가 자기를 떠나게 한 데 대한 책임이 있다고 생각하는 자가 집에서 나오기를 기다렸다. 마침내 10월 4일 목요일 7시 45분, 서른여섯 살의 기술자인 X. 장이 나타난다. 그러자 Y. 폴이 달려들어 그를 칼로 쉰 한 번 찌른다. 한 이웃 여자가 말한다. "두 남자가 땅바닥에서 구르다 한 남자가 도움을 요청하는 또 다른 남자를 타고 올라 앉았어요." 살인자는 희생자가 죽은 다음에야 손을 놓았다.

---

30) 주간지 《르 포앵 *Le Point*》(nᵒ 1317, 1997년 10월 13일)에 실린 기사.

흔한, 질투로 인한 비극적 사건이었다. 마흔다섯 살의 Y. 폴이 1992년부터 지방의회의 부의장(녹색당)이라는 사실만 제외하고. "비탄과 고통으로 인해 그 순간, 그는 인간성에서 멀어졌다"고 지방의회 의장은 말했다. Y. 폴은 그의 정치적 동료이다. 역사와 지리 교수이며 자연보호 운동가인 Y. 폴은 오래전부터 비폭력을 권장하는 한 단체의 회원이었다. 그리고 환경과 관련된 민감한 일들을 대화로 풀 줄 알았다.

이상은 불행하고도 비극적인 흔한 3면 기사의 하나다. 여기서 무슨 일이 벌어졌는가? 지적으로 우수한(그는 역사-지리과 교수이다) 한 남자가 있다. 오래전부터 비폭력을 권장하는 한 단체에 가입한 것을 보면 그는 도덕적 신념도 가지고 있다. 그런데 그 지적이고 온화한 남자가 자신의 아내와의 결별에 책임이 있다고 생각한 남자에게 사냥용 나이프로 쉰한 번의 타격을 가했다.

언제나 있어 왔고 앞으로도 생길 이러한 치정 사건은 정서가 지성에 미치는 영향력을 보여준다. 이 사건에서 살인자의 지능은 여전히 존재했지만 감정에 의해 가려졌다. 감정이 이성보다 우세했던 것이다.

그리고 그 감정들은 무의식적일 때 더욱더 강력하게 작동한다. 이 감정들의 기원은 살인자의 내력에서 찾을 수 있다. 예를 들면 그는 이별을 하거나 버림받아 고통받았을 수 있고, 아내로부터 버림받아 그것의 원인이라고 생각한 사람에게 폭력을 행사하는 일 외에는 표출할 방도를 찾지 못했으며, 예전의 강렬한 고통을 다시 겪게 된 것일 수 있다.

이별을 하거나 버림받아 고통받는 사람들 모두가 그와 같은 방법으로 반응하지는 않는다고 사람들은 반증할 것이다. 맞는 말이지만, 이런 사람과 저런 사람의 차이점은 그들의 내력이 **겉으로는** 같아 보인다 하더라도 **내부적으로** 꼭 동일하지만은 않다는 점이다. 평범한 사람들은 고통을 받았더라도 그 고통을 배출하고 극복할 수 있었으며, 그 고통이 극심했다고 하더라도 사활이 걸릴 정도로 강력하지는 않았다. 하지만 그렇지 못한 사람은 그 고통을 물리칠 수 없었고, 고통이 말해지지도 극복되지도 못했기 때문에 더욱더 강렬하게 다시 나타난다.

세상이 생긴 이래로 감정과 지성은 늘 충돌해 왔다. 언제나 하나가 다른 하나를 간섭해 왔다. "마음에는 이성이 모르는 마음만의 이성들이 있다"라는 옛 프랑스 격언도 이러한 사실을 의미한다.

앞의 기사는 어떻게 감정이 지능보다 우세할 수 있는지를 극단적으로 보여준다. 학업에 어려움을 겪거나 실패하는 아이들의 대부분이 그렇다는 사실을 알아야 한다. 대다수의 경우 학업 성적이 좋은 아이와 그렇지 못한 아이의 차이는, 학업 성적이 좋은 아이는 감정적으로 차분하기 때문에 지능을 사용하는 능력이 최상이라는 데 있다. 반면에 그렇지 못한 아이의 지능을 사용하는 능력은 현재 혹은 과거의 내면적 대립들에 의해 교란되어 있다.

□ 심리적 유연성

당신의 아이가 학교의 지적 활동에 전념하기 위해서는 심리적으로 유연해야 한다. 심리적 유연성이 아이가 자신의 생리적 지능을 사용할 수 있게끔 돕는다.

설명이 필요하다고? 당신 자신의 경우를 생각해 보라. 어떤 책을 집어 들고는 몇 페이지를 읽었는데, 하나도 기억에 남지 않은 경우가 한 번도 없었는가? 무슨 일이 벌어졌는가? 당신의 마음이 '다른 데'에 가 있었던 것이다. 즉 당신은 심리적으로 여유가 없었던 것이다.

시험을 볼 때 당신의 불안은 동인이 되었는가, 아니면 걸림돌이 되었는가? 그것으로 인해 당신은 고무되었는가, 아니면 방해를 받았는가? 첫번째 가설에서 불안은 충분히 당신을 도울 수 있지만, 두번째 가설에서 불안은 당신의 지능보다 우세하다.

당신은 운전하는 도중에 다른 일에 정신을 빼앗겨서 무례한 짓을 한 적이 한 번도 없는가?

이처럼 다소 흔하고 일상적인 예들을 계속 댈 수 있다. 매번 우리는 완성해야 할 일, 즉 읽고, 시험을 치르고, 안전하게 운전하는 등의 일에 완전히 전념할 수 없게 만드는 심리적 경직성을 발견한다.

문제는——가볍지 않은——이러한 심리적 경직성이 의식적인 원인들("몸이 아픈 아이에 대해 걱정했다." "내일 열어야 할 파티에 대해 생각하고 있었다")뿐만이 아니라 무의식적인 원인들에서 기인할 수 있다는 데 있고, 바로 이 점을 이해하고 받아들이는 것이 가장 어렵다.

의식적인 원인들은 표현될 수가 있다. 예를 들면 그것은 가까이서 당신에게 충격을 주는 어떤 사건(질병·이별·고통·죽음 등)에 대한 슬픈 생각이다. 이 고통스러운 원인들 중의 하나가 심리적 유연성과 능력에 영향을 미친다. 그것은 아주 다행히도 유쾌한 걱정이 될 수도 있다. 일례로 사랑에 빠진 10대는 분명 학업에 덜 전념하는데, 어른도 이 점에서는 마찬가지다.

일반적으로 이러한 원인들은 지적인 작업 수행에 단지 일시적인 영향을 미친다. 그래서 심리적 경직성은 고통스러운 또는 행복한 생각을 할 동안만 지속된다.

□ 무의식의 효력

무의식적인 원인들은 본래 대단히 불분명하고 인지되기 어려운데, 불행히도 이 때문에 훨씬 더 효력이 크다.

무의식, 이것은 개인의 삶 전체를 채우고 행위의 대부분에 영향을 미치는 정신의 보고이다. 따라서 갓난아이·어린아이·아동·청소년, 그리고 성인은 환경에 '좌우되어' 더욱더 통제가 불가능해진 수많은 감정들, 상호 작용들을 내면화한다. 어린아이들은 이 감정들과 상호 작용들 전체를 자신의 총체적 의존 관계를 통해 견딘다. 어린아이들은 이것들을 견디고 이것들에 적응하여 정신적·육체적으로 살아남는다. 매순간·매시간·매해 무의식을 '채우고' 구성하는 것은 아이들이 적응하는 이 감정들, 상호 작용들의 보고이다. 행위들의 몇 가지와 감정들의 몇 가지가 기억되고 대부분은 남아 있기 너무 어렵거나, 사회에서 받아들여지지 않기 때문에 잊히거나 억압된다. 하지만 이러한 망각이나 억압이 삭제를 의미하는 것은 아니다. 이러한 단언에 놀라는 사람들이 있을까? 그들에게는 잊고 지냈던 어떤 사건이 뜻밖에 생각났던 기억이 한 번도 없는가? 주변의 노인들이 그때까지 잊고 있었던 유년기나 청소년기의 일화, 행동들을 회상하는 것을 보지 못했는가?

□ 무의식의 부정적 상호 작용의 예: 폭력

계속되는 이러한 상호 작용들은 어떤 양상 위에 아이의 개성을 형성한다. 우는 아기를 예로 들어 설명해 보겠다. 걱정거리가 있어서, 불편해서, 어떤 곤란한 점이 있어서 우는 아이 앞에서 울음의 의미를 잘못 이해하고 아이가 심통을 부린다고 생각하는 부모가 있다고 하자. 그럴 때 아이가 취할 수 있는 두 가지 극단적인 반응이 있다(아이의 반응 강도는 어른의 반응 강도에 달려 있다). 아이는 더 이상 울지 않음으로써 자신을 지키거나, 혹은 부모의 모진 태도에 대해 더 크게 울음을 터뜨릴 것이다. 아이는 자폐, 억제 혹은 변덕, 부산함, 심지어 이번에는 폭력을 통해 저항할 것이다. 아이가 저러한 방어 방식이 아니라 이러한 방식을 선택하게 하는 것은 무엇인가? 그것은 분명히 아이가 생리적으로 뿐만이 아니라 심리적으로도 가장 중요하다고 느끼는 조건이다.

취하는 방어 유형이 어떠하든지간에 아이는 타인과 마주하여 자기 개성의 토대를 확립하고, 분명한 어떤 방식으로 자신을 보호할 것이다. 타인은 '적대적인' 부모가 될 수도 있지만 아이가 만나게 되는 모든 어른 혹은 아이들이 될 수 있다.

억압받는 아이, 매우 불안해하거나 난폭한 아이들은 받은 폭행에 상응하는 방어 수단을 취한다. 부모의 폭력들은 숙고된 후의 행동이 아니며, 우리가 이미 지적했듯이 개인적 내력의 결과일 뿐이다. 명목상 상호 작용에 의한 이 도식을 통해 독자들은 오늘날 도처에서 목격할 수 있는 청소년 폭력이 어떻게 설명되는지 이해할 수 있을 것이다 (국내 치안에 관한 고등연구소의 최근 통계를 보면, 범죄에 연루된 미성년자의 수가 1993-1996년 사이 60퍼센트 증가했다. 현재 경범죄자의 20퍼센트가 열여덟 살 미만이다).

물론 이러한 부정적인 상호 작용에 단 하나의 원인만 있는 것은 아니다. 전통적 지표들이 사라지고 새로운 지표 확립이 어렵다는 사실이 이러한 현상을 더욱 가중시킨다. 가정에서 감정적 관계가 적대적이거나 존재하지 않기 때문에 만족스럽지 못한 아이는 그 가정 안에서 자신이 있을 곳을 느끼지 못할 것이다. 그래서 아이는 이리저리 움직이고 전혀 말을 듣지 않으며 기분 내키는 대로 할 것이다. 그리고 학교에 들어가면 정해진 규범들을 받아들이지 않고 집에서와 비슷한 태도를 취할 것이다. 아이는 학교에서 어려움을 겪거나 실패할 것이고, 이것이 아이의 소외와 반항을 더욱 키울 것이다. 청소년 사건 담당 판사인 마리 베네딕트 메지[31]는 "미성년자 범죄가 급증하는 원인을 어떻게 설명하십니까?"라는 질문에 다음과 같이 대답한다. "악순환의 고리를 만드는 여러 원인들 전체에 의해서입니다. 처음엔 학교에서의 행동 문제로 시작되지요. 학교 교육을 통해 지식을 얻지 못하고, 점차 포기하며, 전통적인 순환 과정에서 빠져나갑니다. 학교 제도는 어려워하는 어린아이들을 소외시키고 이 학교에서 저 학교로 보내며 배제시킵니다. 결국, 이런 아이들은 결석이 잦아지다가 더 이상 학교에 가지 않으며 학교에 가야 한다는 생각을 완전히 잃게 되지요. 그리고 더 이상 아침에 일어나지 않습니다. 아버지나 형이 실직 상태에 있다면 이들은 더 이상 아침에 일어나지 않게 되고, 아이는 모든 준거·동기·학교제도에 대한 신뢰를 한꺼번에 잃게 됩니다. 바로 그때부터 탈사회화가 시작됩니다. 이 아이들은 친한 무리들과 어울려 다니고, 집에서 밥을 먹는 일이 점점 뜸해집니다. 시작하기도 전에 주변인이 되는 것이지요. 이 젊은이들은 사회화 과정의 문제들로부터 자신들을 지켜주는 제 무리들과만 살아갑니다. 그 집단 내에서는 연대감이 대단히 강하고 다른 친구들의 갈등을 자신의 것으로 여기게 되지요."

그런데 청소년 담당 판사는 절도·폭행·성범죄 등의 사회적 징후로 나타날 때에만 아이들을 관찰한다. 우리는 이 아이들을 초등학교에 입

---

31) 《엘르 Elle》지(1998년 5월)에 실린 인터뷰에서.

학할 때부터 관찰한다. 시작은 언제나 똑같다. 즉 감정적 관계가 없거나 적대적이고, 아이를 한 명의 개인으로 존중하지 않으며, 주체보다는 객체로 여긴다. 사랑받고 존중받는다고 느끼지 못하는 아이는 가정에서, 사회의 첫번째 마디인 가정에서 심리적으로 소외감을 느낀다. 가정에서 소외감을 느끼는 아이는 학교에서도 소외감을 느끼고,[32] 마리 베네틱트 메지가 설명한 악순환은 계속된다.

비행을 저지르는 아이들을 통해——물론 눈길을 끄는 측면에서——우리는 부정적인 혹은 존재하지 않는 상호 작용들이 어떻게 어떤 유형의 개성을 차츰 형성해 나가는지 이해할 수 있다. 공격적인 그리

애정 없이는 교육도 없다

만일 아이가 가정에서 안전한 느낌, 최소한의 평온을 갖지 못한다면, 식구들이 아이에게 말을 전혀 안 하거나 나쁜 말을 하여 아이가 가정에서 자신의 위치를 찾지 못한다면, 아이는 교육적 규범들에 동화되지 못할 것이다. 왜 그런가? 감정적인 보상을 받지 못한 아이는, 그 위에 사회 규범으로 인해 생기는 욕구 불만도 받아들이지 못할 것이기 때문이다. 아이가 교육적 규범들을 받아들이기 위해서는 최소한의 감정적인 보상이 있어야 한다. 다른 사람들을 존중하기 위해서는 자신이 존중받고 있다고 느껴야 하는 것이다. 개인적으로 이러한 느낌이 없는 아이는 타인을 존중하지 않을 것이다. 이러한 비존중이 현재 존재하는 모든 범죄의 양상을 띠게 된다.

---

32) 더구나 특히 이러한 이유로 해서 우리는 우리 나름대로 연속적이고 다양한 조기 취학을 위해 활동을 전개하고 있다. 유아원을 포함해 사회가 이러한 새로운 현상에 적응하기 위한 조치들을 취하지 않는다면, 아이들은 우리 사회에서 초기부터 점점 더 소외감을 느끼게 될 것이고, 그 결과에 대해서는 나중에 살펴보겠다.

고 난폭한 아이는 성장하면서 무의식적으로 타인과의 관계 양상을 확립한다. 즉 "너 때문에 귀찮다고? 나도 널 귀찮게 할 거야." "너에게 나는 별 가치가 없다고? 내게 관심 없다고? 너도 마찬가지야." "날 존중하지 않겠다고? 나도 널 존중하지 않을 거야." "내 말을 안 듣는다고? 나도 네 말을 안 들을 거야" 등등. 부모 외의 다른 사람들(아이들, 교사들 또는 다른 사람들) 앞에서 아이는 철저하게 이러한 관계 양상을 취한다. 왜냐하면 이것이 이 아이가 아는 유일한 방법이며, 수년 동안 받아왔고 대응한 방법이기 때문이다. 이러한 아이는 지적으로 만족스러운 도구들을 가지고 있을 수 있고 IQ가 높을 수 있지만, 그것들이 이 아이에게는 아무 소용이 없는 것이다. 아이가 학교 규칙들을 인정하지 않고 교사를 신뢰하지 않을 것이기 때문이다. 도구를 가지고 있지만 아이의 내력 때문에 그것을 사용할 수 없는 것이다.

에두아르를 통해 이 말의 의미를 자세히 설명할 수 있을 것이다.

타인을 믿지 못하는 에두아르

학교의 틀 안에서 심리 상담 도중에 경계심을 보이는 아이는 극히 드물다. 말이 많은 아이도 있고 말이 별로 없는 아이도 있지만, 내게 경계심을 품는 아이들도 단 몇 초간만 그렇고 좀 시간이 지나면 마음을 놓는다.

하지만 에두아르의 경우는 달랐다. 대화하는 내내, 그리고 검사 도중 에두아르는 질문들을 교묘히 피하고 경계하며 달아났다. 아이는 생일, 주소, 전에 다녔던 학교 등 별로 내포가 없는 질문들에는 짤막하게나마

곧잘 대답한다. 하지만 좀 개인적인 질문들에는 대답하지 않는다.

에두아르는 토끼 한 마리를 키우고 있었다. 토끼 이름이 뭐니? "말하고 싶지 않아요." 시선은 멍하고 흐릿했으며 어조는 공격적이었다. 최근에 본 영화는 뭐니? "비밀이에요." 친한 친구들이 있니? 마찬가지로 비밀이라고 한다.

에두아르의 IQ가 88이므로 정상 범위 내이다. 그렇지만 이 아이는 우리가 자신에게 원하는 것, 내가 추구하는 것[33]을 스스로에게 자문하면서 수세적인 태도를 고수한다. 아이의 얼굴은 굳어 있고 적대적이기까지 하다. 그렇지만 어느 순간 나는 이 아이가 긴장을 풀고 경계심을 늦추는 것을 느꼈고, 다른 모습의 에두아르를 보게 되었다. 상냥하고 부드러운 열한 살의 에두아르의 얼굴. 오직 그때만 내게 보여주었고 그 이후론 다시 보여주지 않았다.

이 소년의 IQ는 정상 범위 내에 있었지만, 아이의 교사는 아이가 교실에서 "너무 태도가 안 좋다"고 했다. 특히 "이 아이는 모든 아이들과 싸우고, 말·행동·시선까지 모든 게 갈등의 원인"이 되었다.

실제로 이 소년은 편집광적인 방어 유형을 택했다. 타인은 적이고, 자신을 해치려고 하며, 믿을 만하지 못하기 때문이다. 사람들이(교사 또는 내가) 자기에게 질문하는 것은 자기를 해치기 위해서이며, 따라서 아이는 침묵을 고수하거나 최소한만 대답한다. 어떤 친구가 자신에게 말을 건다(모든 아이들은 서로 말을 건다)? 이 아이에게 이것은 공격하기 위해서이다. 사람들이 자신을 바라본다? 이것 역시 자신을 해치기 위해서이다. 따라서 에두아르는 신체적으로, 그것도 때로는 매우 강하게

---

33) 검사를 시작하기 전에 심리학자는 아이들에게 자신이 누구이며 자신이 하는 일을 설명해 주고, 자신은 아이들을 돕기 위해 있다고 말해 준다.

반응한다. 왜냐하면 이 아이의 생각에, 타인이 자신의 고통에 책임이 있기 때문이다. 타인이 그것을 원하고 자기를 해치려 하기 때문에 말이다. 따라서 이 아이는 싸워야 한다. 싸우지 않는다고 해도, 이 아이는 경계하고 으르렁거리며 불신한다.

에두아르는 4년 전부터 정신 치료를 받고 있다. 전화로 질문을 받은 에두아르의 정신 치료 전문의는 이 아이를 바라보는 어머니의 '적의에 찬 시선'에 대해 말한다. 그녀는 "어머니가 아이를 소름끼치는 시선으로 본다!"고 했다.

이 소년이 왜 그러한 방어적인 단계까지 오게 되었는지 말하려면 너무 얘기가 길어진다. 이 소년의 내력은 너무 무겁다. 아이의 아버지는 '잠깐씩 휴식기'가 있지만 어쨌든 정신병을 앓고 있다고 아이 어머니가 알려 주었다. 아이 어머니도 어릴 때 언니와 비교당했고, 언니로부터 '적의에 찬 시선'을 받았었다.

어머니는 에두아르가 태어나기를 몹시 바랐었다. 너무 기대했었다. 에두아르는 이 가정의 너무 큰 고통들을 보상해야 했었다. 그러나 이 아이에게는 자신을 보호하고 지킬 유일한 방법이 경계하고 피하며 모면하는 것이었다. 에두아르는 경험한 불안들에 상응하는 방어 수단들을 취했다.

에두아르가 학업에 어려움을 느끼는 것은, 이 아이가 전혀 차분하고 온화하며 타인의 메시지를 완벽히 받아들이지 못하기 때문이다. 이 아이의 첫 태도는 경계이기 때문에, 아이는 주어진 메시지를 부분적으로만 또는 잘못 받아들인다. 아이의 인간 관계에 있어서의 문제가 이렇기 때문에 타인들에게서 오는 모든 것은 아이를 해치기 위한 것이 된다. 이 아이를 바라보는 사람들의 시선이 대수롭지 않을까? 에두아르는 다르게 생각한다. 수년 동안 타인의 시선에서, 중요한 어머니의 시선에서 감정적으로 다른 것을 보았기 때문이다. 아버지는 아프기 때문에 어머니와 다른 시선, 호의적이고 건설적이며 긍정적인 시선을 아이에게 줄 수 없었다. 아이가 자기를 보호할 유일한 방법은 병적인 방어 수단을 택하는 것이었다.

그럼에도 불구하고 에두아르의 난폭함과 인간 관계에서의 어려움들은 존중이 없는 상호 작용들에서 기인하는 것은 아님을 분명히 해야겠다. 아이가 받은 폭력은 정신병리학적 성격을 띤다. 이러한 유형의 폭력은 그 원인이 다르더라도 아이들에게 비슷한 결과를 초래한다. 특히 인간 관계에서의 모든 문제들을 야기한다.

지금 이 장에서 폭력에 중점을 두는 것은, 이것을 통해 무의식적인 상호 작용들이 어떻게 일어나는지와 이것에 대해 아이는 어떠한 방어 전략들을 취하는지 가장 눈에 띄고 극적으로 알 수 있기 때문이다.

□ 그래도 무의식을 도울 수 있다

여전히 기억해 두어야 할 것은, 아이는 가정 안에서 사용하는 방어 기제를 호의를 보이는 바깥 환경에서도 사용할 것이라는 점이다. 어린이는 대체할 수 있는 개성을 갖고 있지 않다. 어린이의 개성은 분명하지는 않지만 어쨌든 자신의 개성이 있는 것이다. **호의적인 외부(교사, 약간 먼 친척, 체육 강사, 치료사)와의 정기적이고 지속적인 접촉만**이 아동을 심리적으로 화해시키고 균형을 찾아 주어, 방어 기제를 발휘하면서도 타인·지식·주변 세계로 접근하는 데 방해받지 않게 할 수 있다. 어떤 면에서 아동은 언제 경계를 풀어야 하는지 안다. 아동은 자신을 외부와 완전히 단절하지는 않는 방어 기제들을 세우면서, 말하자면 적당한 타협을 한다.

록산이라는 한 어린 소녀가 이 '적당한 타협'의 개념을 명확히 해줄 것이다.

록산, 또는 외부 도움의 중요성

록산은 여덟 살이다. 갈색머리에 옅은색 눈의 이 아이는 나이에 비해 키가 큰 편이다. 8년 동안 아이는 매우 불안해하는 어머니에 의해 키워졌다. 아이 어머니의 불안은 매우 심각해서 여러 번의 우울증과 자살 시도로 이어졌다. 그녀는 건강 상태로 인해 규칙적인 직업 활동을 감당해 내지 못한다. 그녀는 자신의 불안을 인식한다. 그녀는 불안을 표현하고 매주 치료사를 만나 도움을 받는다. 이렇게 몹시 불안해하는 어머니는 록산이 차분하고 온화하게 자신을 세워 나가도록 도움을 줄 수 없다. 전반적으로 견고하게 자신을 성립해 나가기 위해서는 부모의 지원이 전반적으로 견고해야 하기 때문이다(다음 장 참조). 결과적으로 록산 역시 매우 불안해한다. 특히 이 아이는 어머니 혼자 집에 남겨두기를 두려워하는데, 어머니가 돌이킬 수 없는 행동을 할까 봐 불안하기 때문이다.

나는 아이 어머니와의 꾸준한 대화를 통해 이 어머니-아동, 두 사람을 3년 동안 어떻게 변하는지 추이를 지켜보았다. 동시에 록산 역시 심리 검사를 받았다. 이와 함께 우리는 이 어린 소녀가 학업 외의 활동(그 중에서도 체조, 도기제조 등)을 정기적으로 하는지 물었고, 교사와도 늘 협력했다. 이 어린 소녀의 교사는 소녀의 가정의 어려움들이 무엇인지 알고 있었고, 이 소녀에게 호의적인 시선을 가지고 있었다. 또한 나는 아이의 어머니와 학교 사이에 유대 관계를 맺게 했다. 아이 어머니의 불안이 너무 커서, 초기에 학교 교사와 교장을 귀찮게 했고 이것 때문에 결국에는 긴장감을 더 유발했을 것이다(사실 이전 학교에서 아이의 어머니는, 자신의 불안을 간섭하려는 욕구와 공격성이 있다고 생각하는 교장과 충돌했었다. 여기서도 우리는 오해의 심각성을 볼 수 있다). 나는 록산의 어머니에게 록산이 학교에서 상대적 평온을 누릴 수 있도록 학교 문제와 관련해서 그녀를 불안하게 하는 일이 있을 때마다 나에게 문의할 것을 당부했다. 따라서 이 어린 소녀는 병적으로 매우 불안해하는 어머니의 영향 아래에 있고(그리고 여전히 그 영향 아래에 있지만) 불안하게 자신을 형성했지만 주변에 여러 개의 구명튜브들을 갖고 있는 셈인데, 이 점이 매우 중요하다. 어머니의 불안을 해소해 주는 치료사의 도움으로 좀더 완화된 관계가 가능해졌다. 정기적인 대화를 통해 우리는 동일한 도식을 띠게 되었다. 록산의 치료사는 견고한 정박지를 구성했다. 록산은 이 치료사를 전적으로 신뢰할 수 있었다. 이 아이를 이해하는 교사들 역시, 이 아이가 하는 다양한 신체적·문화적 활동들의 코치들과 마찬가지로 믿을 수 있는 활력소들을 제공해 주었다.

여기서 주요한 지시대상(어머니)이 어린 소녀의 불안에 상당한 영향을 끼쳤지만, 이 어머니는 자신과 딸, 록산이 도움받는 것을 허용하며 외부를 통해 딸에게 견고한 정박지들을 주었기 때문에, 록산은 적당한 심리적 화해에 이른다. 이것은 무엇을 의미하는가? 록산은 조금씩 자신의 어머니를 제대로 평가하게 되었고 어머니에 대하여 자신의 위치를 정하게 되었다. 여전히 두 사람은 매우 강하게 연결되어 있지만, 외부의 도움 덕분에 록산은 어머니나 그녀의 불안에 의해 그전보다 덜 영향을 받게 된 것이다.

어머니가 자신과 딸을 위한 모든 도움을 거부했을 경우를 한번 상상해 보라. 이러한 전형적인 경우에, 매우 심각한 방어 기제를 사용하는 소녀는 전통적인 학교제도를 전혀 따라가지 못하고 다른 사람들과 정상적인 관계를 맺지도 못했을 것이다.

현재 록산에게는 이 아이를 매우 존중해 주는 친구들이 있으며, 학업 성적은 반에서 중간 정도이다. IQ는? 이 아이의 IQ는 89로 정상 범위 내에 있다. 이 소녀의 방어 기제는 다음과 같다. 즉 만일 방어 기제가 없었다면 IQ는 훨씬 더 나았을 것이다. 대응하는 데, 알지 못하는 것에 대해 두려워하지 않았을 테니까. 이 방어 수단들로 인해 아이는 불안한 분위기에 맞설 수 있으나, 학교와 다른 사람들과의 관계에서는 이 방어 기제를 사용하지 않을 수 있다.

□ 심리적 평온을 깨뜨리는 것

부정적인 상호 작용과 함께 아동의 비존중하는 태도의 원인에는 아동이 지적인 도구를 사용하지 못하게 하는 무의식적인 것들이 있다. 에밀리의 사례를 통해 우리는 자기 주장, 자신감이 부족한 어린 소녀가 정상적인 IQ에도 불구하고 어떻게 해서 그것을 최대한 이용하지 못하는지 살펴보았다. 반면에 록산은 그보다 훨씬 어려운 상황 속에 살면서도 외부의 도움으로 자신의 지적 도구를 그럴 듯한 조건에서 사용할 수 있음을 보여주었다. 자신의 지적 도구를 최대한 사용하지 못하게 하는 방어 기제들을 매순간 각자가 조금 더 심각하게 또는 덜 심각하게 취하는 것은 무의식적 과정을 통해서이다.

다음과 같은 의문이 남는다. 아동의 지적 잠재력을 사용하지 못하게 하는 원인인 무의식의 주요 원인들은 무엇인가?

가장 흔하고 첫째적인 원인은 불안이다. 불안이 아동의 심리(그리고 성인의 심리에서도)에서 불가피한 것은, 이것이 모든 정신병리학의 실제적 원인이기 때문이다. 이유는 아주 간단하다. 태어나면서부터――임신한 엄마의 불안을 고려하면 그 이전부터――아이는, 뒷받침을 잘 해 주지 못하면 문제가 드러나는 끊임없이 변하는 미지의 세계를 발견하기 때문이다. 자궁 내에서 아기는 최대한의 안전을 경험하고 이러한 안전을 무의식적으로 지키려 한다(확실히 여기서 '잃어버린 낙원'에 대한 종교 혹은 신화적 개념을 재검토할 필요가 있다). 당연히 이 아기는 그 세계를 다시 찾고 싶어할 테지만, 이중성에 끝없이 사로잡힐 것이다. 즉 앞으로 나아가겠지만 안전에서는 점점 더 멀어질 것이다. 바로 여기에 인간 발달 과정에서 우리가 볼 수 있는 도식들이 있다. 즉 발달 · 정체 · 퇴행, 그리고 다시 발달 등등.

당신 주변을 관찰해 보면, 아이들에게서 뿐만이 아니라 성인들에게서도 언제나 이러한 도식을 발견할 수 있을 것이다. 어떤 어른들은 스무 살-스물다섯 살경에 정체하거나 발달하지 않거나 거의 변하지 않는다. 생각, 삶의 방식의 관점에서 어느 주어진 나이에 자신에게 문제를 제기하는 일을 멈추고 재검토하지 않는 사람들을 누가 모르겠는가? 자신에게 문제를 제기하고 세상과 생각에 눈을 뜨며 자신의 삶의 방식을 바꾸는 것은 매우 불안한 일이다. 그 일은 언제나 미지의 것을 향해 가는 일이기 때문이다. 따라서 우리는 왜 누구나 다음과 같이 "세상이 미쳤어, 변할 필요가 전혀 없어. 나와 다르게 생각하는 사람은 얼간이야. 나와 비슷하지 않은(피부색, 옷매무새, 삶의 방식) 사람은 맞서 싸워야 할 적이야"라는 유형의 방어 방식을 취하며 직전에 멈추려

하는지 더 잘 이해할 수 있다.

자연적으로 우리 모두는 자신의 안전을 지키려고 한다. 어떤 사람들은 자폐증, 타인이나 새로운 생각들에 대한 거부 같은 형태로 방어 수단을 택해 신경증적으로 자신의 안전을 지키려고 하며, 어떤 사람들은 밀어붙이기나 과도한 활동을 통해 불안을 가라앉히려고 한다. 또 어떤 사람들은 어느 정도의 평정과 안정에 조금씩 도달한다. 이러한 사람들은 내면의 균형을 유지하며 세상과 다른 사람들을 향해 열려 있다. 이러한 부류의 행복한 사람들은 극히 드물다고 분명히 밝혀야 할까?

아동이란 본래 끊임없이 미지의 것으로 향한다. 아동은 다행히도 탐구에서 부모의 도움을 받는다. 아동은 부모의 동행 덕분에 큰 불안 없이 이 세상을 조금씩 발견해 나갈 수 있다. 우리는 다음 장에서 이러한 과정에 있는 부모들을 도울 수 있는 큰 방향들에 무엇이 있는지 살펴볼 것이다.

불행히도 만일 여러 이유들로 인해 아이가 안정되지 못한다면, 아이는 매우 불안한 것으로 인식되는 이 세상에 맞서 다양한 방어 절차들을 취할 것이다. 아이는 낯선 것(학교에서 새로운 것을 배울 때마다 불안하여 당황하고 공포를 느낄 것이다)을 두려워할 것이고, 대담하게 앞으로 나아가지 못할 것이며(배우는 일은 앞으로 나아가는 것이다), 자신이 확신하지 못하는 것에 대해서 뭔가 말하기보다는 침묵하려고 할 것이다(실수 역시 학습에 포함된다). 그리고 이러한 아이는 일반적으로 자신의 불안과 싸우기 위해 정신적 에너지를 다 쏟을 것이기 때문에 자신의 지적 잠재력을 활용하지 못할 것이다. 지적 잠재력이 있다면 말이다. **사실 불안해하는 아이는 때때로 부적당한 도구들을 만들어 내기 때문에 불안해한다.**

앞에서 우리는 아동은 평균적이거나 그 이상의 **IQ**로 측정되는 잠재력을 가지고 있어도 다양한 무의식적인 방어 절차들로 인해 그 능력을 결집할 수 없어서 사용하지 못한다는 가설을 세웠다. 그렇지만 아주 어린 갓난아이는 우리가 언급했던 방어 수단들을 처음부터 취할 수밖에 없도록 충분한 지적 잠재력을 가질 수 없다는 사실을 알아야 한

우리는 모두 불안에 사로잡혀 있다

완벽한 안전이란 없다. '완벽한' 부모라 하더라도, 그 누구도 자녀에게 최상의 안전의 느낌을 줄 수는 없다. 과보호하다? 이것은 안심시키는 게 아니다. 아이 앞에 나타나는 장애물들을 일시적으로 없애는 것이다. 머지않아 부모는 더 이상 있지 않을 것이므로 일시적이다. 그때 아이의 불안은 더욱더 커져서 그것에 대처하고 그것을 극복하는 데 이르지 못할 것이다. 그런데 누구든 아이를 완벽하게 안심시키기란 불가능한데, 이것으로 인해 불안이 초래된다.

무엇으로 각 사람들의 불안을 구분하는가?

— 원인으로 구별한다. 불안의 원인은 다양하다. 다음 페이지에서 그 원인들을 살펴볼 것이다.

— 불안의 강도로 구분할 수 있다. 정신병리학적으로 불안의 폭은 매우 넓다. 상대적으로 유연한 방어 수단을 취하며 최소한으로 불안해하는 사람이 있는가 하면, 이보다 훨씬 경직되고 심각한 방어 수단을 취하면서 병적으로 불안에 사로잡히는 사람도 있다.

— 세번째는 불안으로 인해 생기는 여러 가지 증상들로 구분한다. 이 증상들은 개인 혹은 다른 사람들의 일상 생활에 얼마간 장애를 가져올 수 있다. 이 증상들은 심리적이며 신체적일 수 있다.

불안에 사로잡혀 있다는 사실로 인해 걱정할 필요는 없다. 다행히 우리의 불안들 대부분은 '견딜 만한' 것이다.

다. 처음부터 아이가 불안감을 갖게 된다면 아이는 자기 주변의 것들을 두려워할 것이기 때문에 최선의 조건에서 놀 수 없다는 사실은 명백하다. 이 아이는 주변 세계를 탐색하지 않을 것이고 다른 사람들과 관계를 맺는 데 어려움을 느낀다. 이러한 상황에서 아이는 신경 조직들을 증가시키지도, 지적 전략들을 다양화하지도, 건설적인 상호 작용을 하지도 못하고 자연스런 호기심, 즉 지능의 기본 도구들이라는 요소들을 최대한 발전시키지 못한다. 자신의 온 시간과 정신적 에너지를 불안하게 하는 것에 대항하는 데 쓰느라고 아이는 놀이나 다른 사람들, 주변 환경에 신경 쓰지 못한다. 그 결과 아이의 기본적인 지적 잠재력이 눈에 띄게 빈약해질 것이다.

□ 감정의 또 다른 측면: 동기 부여

따라서 적절한 정신적 평온은 아이가 자신의 지성을 사용하는 데 필수적이다. 하지만 충분한 동기 유발이 수반되지 않으면 지적 능률은 제한받는다. 이것은 명백한 사실이다. 학업에 어려움을 겪는 상황에 대해 교사들의 글이나 학부모들의 입을 통해 다음과 같은 지적들을 흔히 들을 수 있다. "이 아이는 의욕이 없어요." "아무것에도 흥미가 없어요." 또는 좀 안심이 되긴 하지만 "학교만 빼고 모든 것에 관심이 있지요." 이 마지막 경우에서 우리는 아이의 다양한 관심 혹은 학교 밖에 대한 관심이 아이의 미래에 희망이 될 수 있음을 알게 될 것이다. 왜냐하면 이 아이는 자기 안에 학업에 관한 지능 외의 다른 지능, 혹은 지능들의 동인을 갖고 있기 때문이다.

동기 혹은 욕구는 학업이든 다른 것에 관련된 것이든 학습 과정의 진정한 시동기다. 어떤 면에선 이것이 학습 과정에 불을 붙인다. 학습 과정이 점화되었다면, 혜택받은 행복한 아이는 자신의 목적에 도달하기 위해 모든 수단을 다 사용할 것이다. 없애야 할 단어가 있다면 그것은 '게으름뱅이'일 것이다. '열등생'과 마찬가지로 '게으름뱅이'도 없다.[34] 별로 의욕이 없는 아이 또는 어른들이 있을 뿐이다.

내가 만나 본 동기 부여가 안 된 아이들 대부분은 대체적으로 비슷한 특성을 보인다. 이 아이들은 거의 말을 하지 않고, 인간 관계에서 거의 기쁨을 발견하지 못한다. 이 아이들은 학교에 관심을 갖지 않지만, 집에서 일어나는 일에는 더욱더 관심이 없다. 가정 생활이 이 아이들 없이 이 아이들을 제외하고 이루어지며, 모든 일이 전개된다. 이 아이들은 실제적으로 학교 외 활동을 거의 하지 않고, 놀이들도 반복적이다.

물론 가끔은 학교와 학교에서 이루어지는 일이 부모에 의해 긍정적인 의미를 부여받지 못한다. 대부분의 경우 부모 자신이 경험해 보지 못했기 때문이다. 학교에서 전혀 기쁨을 맛보지 못했던 부모는 불행히도 자녀에게 그 기쁨을 전달해 줄 수 없다. 사회에 잘 적응하지 못하고 소외되기까지 한 부모의 자녀도 존재한다. 이러한 부모에게 학교와 학교에 있는 사람들은 자신이 대결하고 있는 사회의 대표들로 생각된다. 그래서 자녀를 의무적인 학교에 보내기는 하지만 사회에 대한 자신의 저항감을 어느 정도 의식적으로 자녀에게 전달하지는 않는다.

이것은 다음의 글들로 확인된다. 아이가 자기 지능의 도구들을 형성하기 위해서는 정서적이고 교육적인 삶에 관계된 어떤 조건들이 필

---

34) 아니 코르디에, 《열등생은 존재하지 않는다 *Les cancres n'existent pas*》, Seuil, 1993 참조.

나, 너, 그, 우리는 게으르다

흔한 예를 하나 들어 보자. 이 글의 저자에게 버찌를 따러 가라고 요청해 보시오(왜 안 되겠는가?). 그는 지독한 게으름뱅이임이 드러날 것이고, 시간이 없다느니 예전부터 있어 온 관절염이 도졌다느니 급하게 끝내야 할 일이 있다고 핑계를 댈 것이다. 이러한 핑계가 되는 이유들 뒤에는 훨씬 평범한 다른 것들이 감춰져 있다. 우선 그는 버찌를 싫어하고, 반복되는 동작을 극도로 지루해하며, 어릴 때 너무 강요당해서 지금은 그런 쪽에는 조금도 관심을 줄 수 없다.

반면에 그에게 강연을 하러 스위스나 벨기에 혹은 프랑스 내의 다른 지방으로 갈 수 있겠는지 물어보시오. 그러면 여행과 강연으로 인한 활동량이 더 많음에도 불구하고 이 저자는 버찌 문제를 꺼낼 때보다는 덜 '게으름뱅이'가 될 것이다.

그 누가 이 사람과 같지 않겠는가? 우리는 많은 사람들이 자신의 관심 분야가 아닌 영역에서 '게으름뱅이'가 되는 것을 흔히 본다. 무엇 때문에 그러한 현상이 나타나는가? 저런 활동보다는 이런 활동을 하고자 하는 욕구 때문이다. 이러한 욕구는 확실히 우리가 하는 활동에 따라 매우 강하기도 하고, 때로는 약하기도 하다. 동기는 즉각적으로 유발될 수 있다. 나는 이것을 좋아하니까 이것을 한다는 식으로. 그러나 동기가 부차적일 수도 있다. 나는 이 일이 별로 마음에 들지 않지만 결과가 내 마음에 들 것을 알기 때문에 이 일을 한다고 말이다.

요하다. 아동은 그 도구들을 스스로 만들어 낼 수도 있지만 이 도구들을 다양한 이유들로 인해 사용하지 않거나 사용할 마음이 없다면 크게 유용하지는 않을 것이다.

반면에 뛰어난 지적 잠재력을 지니고 그것을 마음대로 사용할 수 있으며 또 그리고 싶어하는 아이들도 있다. 이러한 아이들은 대체적으로 차분하고 다른 사람들에게 열려 있으며 가정과 학교, 그리고 학교 외의 주변 사람들에게 관심을 갖는다. 다른 아이들은 갖지 못했지만 이 아이들이 운 좋게 갖고 있는 정서적이고 교육적인 수단들은 무엇인가? 아이가 차분한 지능뿐만이 아니라 그것을 사용하려는 욕구와 능력도 갖게 해주는 감정적이고 교육적인 도식들은 무엇인가? 감성 지능에 대해 몇 가지 지적한 후 이것들에 관해 살펴보도록 하겠다.

감성 지능에 관하여

□ 감성 지능이란 무엇인가?

감정은 지성을 어지럽힌다. 뛰어난 지성도 혜택받은 사람이 그것을 사용고자 하는 욕구가 없거나 다른 관심사들 때문에 사용하지 못하면 아무런 소용이 없다. 미국의 심리학자 다니엘 골먼은 바로 이러한 전제에서 출발하여 감성적 지능의 개념을 정의하였다. 그것은 무엇을 의미하는가? 자신의 저서[35](미국에서는 1995년에, 프랑스에서는 1997년에 출간된)에서 그는 다음과 같은 사실을 인정한다. "우리 모두는 열정과 충동에 좌우되며, 그것들로부터 우리를 안전하게 하는 것은 높은 IQ가 아니다." 이러한 확인이 새로운 것은 아니지만 '감성적 지능'이라는 용어는 새롭다.

저자에 따르면 감성적 지능은 다음의 특성들을 통합한다.[36] 즉 "공

---

35) 《감성 지능 *L'Intelligence émotionnelle*》, Robert Laffont.
36) 같은 책.

감하고 스스로 동기 부여하며 시련 속에서도 끈기를 발휘하고 충동을 억제하며 욕구가 충족되기를 끈기 있게 기다리는 능력, 한결같은 기분을 유지하고 생각을 할 수 없을 정도로 괴로움에 휩싸이지 않는 능력, 바라는 능력"을 말이다.

□ 감성 지능, '적성' 분석

— **공감**, 즉 차분하게(다시 말해 자기 자신의 감정을 타인에게 투사하지 않고) 다른 사람의 입장이 되어 볼 수 있기 위해서 해결해야 할 내면의 큰 대립들이 없어야만 하는 것은 아니다. 타인에게 열려 있기 위해서는(반복하지만 객관적으로) 자기 자신과 조화로워야 한다. 그러나 신경증적인 공감도 있을 수 있다. 다른 사람을 기쁘게 함으로써만 자신의 행복을 찾는 사람의 경우가 그럴 수 있다. 이러한 사람은 자신에게 불리한 것을 무릅쓰고 타인의 입장에 선다.

— **스스로 동기를 부여하는 능력**은 불행히도 타고나는 능력이 아니다. 가족과의 삶에서 주역으로 여겨지고, 감정의 기쁨을 타인과 나눌 수 있는(차분한 동기 유발을 위해) 행운을 가진 사람들에게 나오는 결과이다. 스스로 동기를 부여하는 능력은 대립되는 반복의 과정의 결과일 수도 있다. 예를 들어 '결코 아빠나 엄마처럼 하지는 않겠어' 라는 생각은 강한 동기가 될 수 있지만, 이러한 동기는 기쁨이라는 원동력에서 나온 것이 아니라는 점에서 신경증적이며 안 좋았던 체험의 결과에 대한 대립적 원동력에 속한다.

— **시련을 극복해 내는 능력**은 개인적으로 경험했던 안전의 느낌(이 사람은 부모에 의해 안심했었고 지금도 안심하고 있다)을 내면화한 사람의 특징이다. 이러한 사람은 분명한 '자아'(다음에 언급하게 될 내면화

의 과정과 연관된)를 갖는다. 이러한 심리적 수단들을 가지고 다른 사람들보다 더 잘 시련을 극복할 수 있는 몇몇 사람들은 '내면의 보고(寶庫)'를 형성할 수 있다.

— **충동을 억제하고 자신이 바라는 것이 충족되기를 끈기 있게 기다리는 능력**은 건전한 교육, 즉 아동을 객체가 아니라 주체로, 그리고 가족의 원동력으로 여기는 교육을 통해 획득되는 능력이다. 그러한 체험과 관계의 혜택을 받은 아이는 자신의 충동을 억제하는 능력을 가질 것이다. 이러한 교육적 조건들에 대해서는 나중에 언급할 것이다.

— **한결같은 기분을 유지하는 능력**은 의연하며, 자아와 개성이 어떤 상황에든지 대처할 수 있을 정도로 강한 사람에게서 나온다. 이러한 '능력'은 대체적으로 스스로 자기 기분에 흔들리지 않고 조화를 이룰 수 있게 감정적·교육적 상호 작용들의 혜택을 받을 수 있었던 사람들에게서 볼 수 있다.

— **생각을 할 수 없을 정도로 괴로움에 휩싸이지 않는 능력**은 앞에서 묘사한 사람들과 동일한 조건에서 얻을 수 있다. 즉 어떠한 죄의식도 없고 자기 자신과 조화를 이루는 강한 개성을 갖는다. 이 조건들을 갖춘 사람만이 이러한 능력을 차분하게 소유한다. 실제로 이러한 능력은 신경증적 억압의 방어 기제의 반영이기도 하다. 나는 내게 일어나는 것을 부정하고 일이나 다른 것에 과도하게 열중한다. 어떤 사람이 생각할 수 없을 정도로 괴로움에 휩싸이는 것은 정상적일 수 있다. 그렇지 않은 경우에 괴로움은 오래 지속되어 실제적으로 개인적 발달에 장애를 일으킬 수 있다.

— 마지막으로 **바라는 능력**은 **충동을 억제하고 욕구가 충족되기를 끈기 있게 기다리는 능력**과 매우 유사하다. 이 능력은 행복한 보유자

에게 직접 맞설 수 있는 힘과 "고생 끝에 낙이 온다"라는 내면의 확신을 주는 감정적이고 교육적으로 차분한 관계에서 획득된다.

이러한 분석이 나타내지만 다니엘 골먼이 지적하지 못한 것은, 감성적 지능의 능력과 자질들은 두 개의 날을 가지고 있다는 사실이다. 즉 이 능력들은 차분할 수도 신경증적일 수도 있다. '호전적'이라는 것은, 우리가 싸워야 할 과거에서 벗어나기 위해 취한 방어 수단이 아니라면 괜찮다. 이러한 재능들은 어른이 '되어 가도록 하는'[37] 환경에 의해 키워졌다면, 다시 말해 아이에게 주체 및 주역의 지위를 부여하고 아이를 가족의 원동력 속에 병합하며, 아이가 대체적으로 차분하고 확고하고 판단과 분석의 능력이 있으며 자기 자신 및 타인과 조화를 이루는 어른이 되도록 의식적·무의식적인 모든 상호 작용들을 통해 개체화를 가능케 하며, 호의적이고 안정감을 주면서도 과보호하지 않는 환경에 의해 키워졌다면 건전하다.

반면에 이러한 재능 혹은 능력들은 전형적인 신경증적 방어 수단들이 될 수 있다. 예를 들면 "나는 어떤 일이 있더라도 성공할 것이다. 그러기 위해서 나는 ~할 준비가 되어 있다"라고 말이다. 그리고 이러한 방어 수단들은 훨씬 강력하고, 따라서 훨씬 더 신경증적이어서 성공하기 위해 쏟는 에너지는 도를 지나친다. 그렇기 때문에 우리는 '승리한 사람'으로 묘사되는 몇몇 사람들이 방어 수단에 손상을 끼치는 병 혹은 실패로 무너지는 것을 보게 된다. 일에 지나치게 열중하는 사람이나 갑자기 퇴직한 사람은 여전히 "이젠 뭘 할까?" 하고 고민한다.

감성적 지능이라는 개념은 존재한다. 특히 이 개념은 내가 앞선 책[38]

---

37) 프랑수아즈 돌토가 사용한 용어로 어른이 되어 가는 아동의 발달 과정을 포괄한다.

차분한 재능과 방어적인 재능

차분한 능력들을 보유한 사람은 다른 것들을 희생시키며 어떤 한 분야(일반적으로 직업과 관련 있지만 꼭 그렇지만은 않다)에 과도하게 열중하지 않는다는 사실에 의해 다른 사람들과 구별된다. 이 차분한 사람은 아마 사회적으로 덜 눈길을 끌며 성공하겠지만, 훨씬 조화롭고 다른 관계들과 다른 사항들에도 관심을 집중할 수 있을 것이다.

여기서 인생에 성공한다는 것과 출세한다는 것의 개념을 다시 한 번 살펴보자. 인생에 성공하는 사람은 대개 다른 사람들과 존재하고 행동하고 살아가는 것에 대한 기쁨과 만족 속에서 대체적으로 이루어지는 건전한 변화 덕택에 성공한다. 출세하는 사람은 종종 존재 방식을 사회적인 성공에서만 찾는다. 다른 데에서는 그런 느낌을 갖지 못하기 때문이다. 이러한 사람에게 있어서 성공한다는 것은, 어떤 방법으로 다른 사람들에게 인정받는 것이다. 아마 어릴 때 집에서 인정받는 느낌을 강하게 받지 못했기 때문일 것이다. 성공이 그의 불안을 덜어 준다. 따라서 이러한 사람들에게 성공은 전반적으로 조화로운 삶의 표현이기보다는 하나의 방어 수단이 된다.

에서 이미 지적했고 지금 다시 살펴보려는 현상을 강조한다. IQ, 즉 지능지수로 측정되는 아이들의 지적 잠재력들의 어떤 면들은 지능과는 전혀 상관이 없는 감정적인 이유들로 인해 아이들이 사용하지 못한다면, 완전히 혹은 부분적으로 개발될 수 없다.

---

38) 《기름이 물에 뜨는 것은 수영하는 법을 배우라는 거야 *Si l'huile flotte sur l'eau, c'est pour apprendre à nager*》, Critérion, 1994.

□ EQ라는 것이 존재하는가?

여러 매체들에서는 감성적 지능과 병행하여 EQ, 즉 '감성지수'에 대해 퍼뜨렸다. 그런데 **감성적 지능**이라는 말을 처음 만들어 낸 사람 자신은 "IQ와는 달리 감성적 지능을 측정할 만한 간단한 테스트는 존재하지 않는다"라고 지적한다. 그리고 그는 다음과 같이 덧붙인다. "아마 앞으로도 없을 것이다."[39]

따라서 **EQ**란 없다. 실제로 어떠한 테스트로 한 아이의 정신적 유연성, 이러저러한 활동에 자신의 정신적 에너지를 쏟을 수 있는 능력, 동기, 이러저러한 것을 배우고 싶어하고 배우는 욕구를 측정할 수 있겠는가? 아이가 자신의 지능을 사용할 수 있게 하는, 또는 사용하지 못하게 방해하는 변수들은 매우 많고 지적 잠재력을 유인하는 것들은 매우 복잡해서 그것들을 EQ로 측정하기는 어렵다.

경우에 따라 측정될 수 있는 것은 몇 가지 증상들일 뿐이다. 예를 들어 욕구불만을 견뎌낼 수 있는 능력처럼. 우리는 테스트로 이러한 '적성'을 측정할 수 있다. 하지만 우리가 측정하지 못하는 것은, 어째서 어떤 사람들은 이러한 능력을 가지고 있고, 또 어떤 사람들은 갖지 못하는가 하는 것이다.

이러한 감성적 지능의 개념을 요약해 볼 필요가 있겠다. 감성적 지능은 아동의 지능에 관한 하나의 관점이다. 우리의 관점들은 모두 다르다. 우리가 이 일을 하면서 관심을 가지는 것은, 또 부모 독자들의 관심을 끈다고 생각하는 것은 아이가 자신의 지능을 사용하고 그렇게 할 욕구를 주는 감정적이고 교육적인 변수들이 무엇인가 하는 것이다.

---

39) 같은 책, 다니엘 골먼.

유감스럽지만 EQ는 존재하지 않는다

어떤 면에서는 그렇다. EQ가 존재하지 않는 것은 유감스럽다. 왜일까? 왜냐하면 오늘날 특히 학교에서 IQ에 너무 큰 자리를 부여하기 때문이다. 어떤 경우에는 아이의 진로가 특수 학급으로 결정되는데 IQ가 결정적인 요소로 작용한다. 그러나 우리가 살펴보았고, 앞으로도 계속 보게 되듯이 IQ는 몇몇 신경 도식들, 몇몇 지적 전략들, 습득된 몇몇 지식의 효율성만을 측정한다. 지능 전체를 측정하지는 못한다. 더구나 IQ는 아이가 자신이 가지고 있는 도구를 사용하는 능력을 전혀 측정하지 못한다. 이 두 가지 측면은 지능과는 아무런 상관이 없는 감정적 과정과 연관 있다.

이 감정적 과정들을 평가하는 하나 혹은 몇 개의 테스트들이 매우 주관적이라는 것도 사실이다. 하지만 IQ를 측정하는 테스트들도 그렇지 않을까? 우리는 가장 믿을 만한 IQ 테스트 방식조차 특정한 사회문화와 관계가 깊고, 그 사회문화의 몇 가지 인지적 측면만을 평가한다는 사실을 살펴보았다.

EQ가 존재하지 않기 때문에, 많은 학교의 진로 지도 결정자들이 마치 IQ만이 가치 있고 아이의 다른 심리적 요소들은 없는 것처럼 행동한다. IQ처럼 주관적이라고 해도 EQ가 존재한다면, 아이의 적성에 추가적인 요소를 더해 줄 것이다.

한 아이와 아이의 학업과 지능에 있어서의 미래에 대해 말할 때는 총체적으로 고려해야 한다. 아이의 IQ와 동기, 지적 원동력을 구성하는 자신의 지능을 사용하는 능력, 그리고 이 지적 원동력을 향상시키는 데 도움을 주거나 그렇지 못하는 가정의 원동력도 있기 때문이다.

V
지능의 감정적인 조건들

여기까지 읽고 생각하게 된 독자들은 "모든 지능에 공통되는 기초가 존재할까?"라는 의문을 가질 것이다. 대답은 분명하게 그렇다이다. 차분한 지능들을 말한다는 조건에서 그렇다. 바로 이러한 지능들에만 우리는 관심이 있다. 다시 말해 개인적이고 인간 관계에 있어서의 행복, 세상을 향해 열려 있는 결과인 지능들 말이다. 이러한 지능들은 육체 및 스포츠 활동과 지적 · 예술적 활동들을 통해 여러 가지로 표현되지만, 이 모든 지능들의 기원이 되는 공통적인 기초는 침착하고 즐겁게 앞으로 나아갈 수 있게 하는 개인적 · 환경적 배경이다.

차분한 지능과 방어적인 지능, 그리고 성공

필자는 '방어적'인 지능에 대해서 경계했다. 이러한 지능은 누군가에 **대항하여** 또는 누군가를 **통하여** 나타난다. 평온한 지능과 방어적인 지능은 건전한 성공과 방어적인 성공을 통해 표현된다.

방어적인 지능의 첫번째 유형은 누군가에 대항하여 표현되고 앙갚음의 방식과 유사할 수 있다. "나는 궁지에서 벗어나기 위해 성공하기를 원한다"처럼. 따라서 이러한 유형의 지능에는 대립되는 동기가 있다. 예를 들면 "나는 그것을 피하기 위해서는 뭐든지 할 것이다." 따라서 이러한 지능의 불리한 환경에도 불구하고 성공할 수도 있겠지만 그것은 긴장을 해소하기 위해, 고통을 완화하기 위해 보여주는 것이라는 의미에서 방어적이다. 이러한 성공은 그 지능이 타인에 대항하여, 어떤 면에서는 습득할 수 있는 지식에 반하여 확립되었기 때문에 방어적이다. 이것은 '즐거움의 지식'이 아니라 '보복의 지식'이다.

방어적 지능의 또 다른 유형은 이 책 첫부분에서 이미 거론했다. 부모의 욕구를 통해 단련된 지능이다. 부모는 자녀를 통해서 현재의(현재 잘 못살기 때문에), 또는 훨씬 일반적으로 과거의(자신이 성공하지 못했거나 불충분하게 성공했다고 판단하기 때문에) 자기 개인적인 상처를 보상받으려 한다. 이러한 부모는 사실은 순전히 자기 개인적인 욕망을 실현하기 위해 자녀를 '밀어 준다.' 부모의 이러한 태도에 맞서 아이는 다음 세 가지 유형의 방어 방식을 취할 수 있다.

— 아이는 부모의 욕망에 따르고, 위니코트가 '거짓 자아,' 즉 거짓 정체성이라 부른 개성을 형성할 것이다. 아이는 타인의 욕망에는 부합하겠지만 결코 자기 자신이 되지는 못할 것이다. 이것으로 인해 이 아이는 자아 표명의 측면과 인간 관계의 측면에서 완전히 불쾌한 상황에 놓일 것이다. 이 아이는 타인에 대하여 자기 자신의 위치가 아니라 타인이 자기에게 기대한다고 생각하는 대로 자신의 자리를 잡을 것이다.

이러한 '거짓 자아'의 개성들은 다른 여러 특징들을 통해서 발견된다는 사실에 주의하자. 이러한 부모들은 부합하는 아이, 온순하면서도 반면에 매우 활발한 아이를 원한다. 물론 이것은 유치한 개성의 흉내를 유발하는 부모의 지나친 요구이다. 모든 부모는 자녀에게 얼마만큼의 자질들을 바라지만, 어떠한 자질(더 안 좋게도, 모든 자질들)

을 아이에게 절대적이고 과도하게 요구하는 것은 문제를 야기한다.

— 성공을 요구하는 부모에 맞서 아이가 취할 수 있는 두번째 태도는 소극적인 저항이라는 방어 기제이다. 과도한 요구 앞에서 아이는 무의식적으로 회피 전략을 찾는데, 이것은 억제에까지 이를 수 있다. "엄마 아빠가 요구하는 게 내겐 너무 부담스러워. 아무것도 하지 않는 게 낫겠어"라고 말이다.

— 세번째의 방어는 적극적인 저항으로 나타난다. 아이는 반항하고 저항하고 공격하며, 만일 부모의 요구에 복종한다면 느끼게 될 훨씬 큰 고통보다도 충돌을 '선호'할 것이다(물론 무의식적으로). 고통스럽더라도 말이다.

무엇으로 인해 아이는 방어 수단 중에서 저런 방식이 아니라 이런 방식을 택할까? 우리는 생리적 성향뿐만이 아니라 심리적 에너지 절약의 가설을 제시할 수 있다. 아이는 무의식적으로 가장 덜 불리해 보이는 방어 수단을 사용한다. 물론 소극적 저항과 적극적 저항이 충돌하겠지만, 이러한 충돌이 복종보다는 언제나 덜 불안할 것이다.

지능의 감정적이고 교육적인 기반들

따라서 여기서 우리가 관심을 가지는 것은 모든 평온한 지능들의 기반들이다. 이러한 지능들은 아무것도 혼란스럽게 하지 않는다는 점에서 평온하다. 오히려 이것의 혜택을 받는 행복한 사람을 성숙하게 한다. 이러한 지능은 행복의 여러 양상들 중 하나일 뿐이다.

동기 혹은 욕구, 정신적 유연성 혹은 능력은 만족스러운 지적 잠재

감정적인 것 또는 교육적인 것?

감정적인 관계와 교육적인 관계 사이의 구분은 그리 간단하지 않다. 사실, 이 둘은 실제적인 면에서 끊임없이 상호 작용한다.

이론의 측면에서 부모와 자식 간의 감정적인 관계가 본질적으로 개인적이라는 사실에서 이 둘을 구분할 수 있다. 이러한 구분은 부모 역시 자신의 부모와 맺는 관계와 연결된다. 그래서 어머니 또는 아버지(이별이나 이혼으로 더 이상 계시지 않다고 해도) 개인의 내력과 분리해서 생각할 수 없다. 따라서 부모가 계시지 않다면, 그것에 개인적인 까닭이 없는 게 아니다. 이러한 감정적인 관계는 훨씬 개인적이고 긴밀한데, 이 때문에 훨씬 더 복잡하다.

교육적인 관계는 우선 가속이라는 상황, 그 다음에 사회직인 상황을 통해서만 이해될 수 있다. **한 아이를 교육시킨다는 것은 그 아이가 태어난 사회에 동화될 수 있게 하는 조건들을 아이에게 주는 것이다.** 오늘날의 교육적 규칙들이 아무리 획일화되어 간다고 해도 중국인 부모나 아프리카의 부모, 유럽의 부모가 자녀에게 모두 똑같은 교육적 규칙들을 주지는 않을 것이다.

아이에게 주어야 할 이 조건들은 무엇일까? 사회적인 규칙들, 문화적 지식, 그리고 감정적인 조건들이다. 좋은 감정적인 조건 없이는 좋은 교육적인 조건도 있을 수 없다. 인간의 교육에는 동물의 조련과 달리 감정적인 것이 한 부분을 차지한다.

력의 획득과 동원 가능성, 이러저러한 지능 발달에 필요한 심리적 성향이다.

이러한 지능이 육체적이고 지적이고 운동이나 예술과 관련되어 표현되는 원인은 동기의 차원에서 찾아야 하는데, 동기 자체는 아이에게 제시된 유희적이고 상호 작용적이며 문화적인 활동들의 폭과 연결되어 있다. 이 폭이 반드시 넓어야 할 필요는 없지만 아이를 존중하고 즐거움을 중시해서 만들어져야 한다. 특히 즐거움을 고려해야 한다. 모든 건전한 지능들에 공통되는 감정적이고 교육적인 기반이 존재하는데, 바로 이 점에 우리는 관심을 가질 것이다. 그렇지만 좀더 분명하게 하기 위해 감정적인 것과 교육적인 것을 추상적으로 구분할 필요가 있다. 이 장에서 지능의 감정적인 기반들의 문제에 대해 다루고, 교육적인 기반들에 대해서는 다음 장에서 다루도록 하겠다.

전반적으로 아이가 자신의 지능을 형성하고 이어서 사용할 수 있으려면, 정신적으로 유연해야 한다. 아이의 정신적 에너지가 너무 중대한 방어 기제나 적응에 의해 구속되지 않아야 한다.

정신적 유연성의 결과로 나타나게 될 두 가지 장점들은 **내면의 안정감과 혼자서 스스로를 책임지는 능력**이다.

아동의 발달에서 전반적인 안정감은 지속적이어야 하는 반면에 혼자서 자신을 책임지는 능력은 점진적으로 생긴다. 절대적 의존에서 상대적인 의존, 그리고 독립으로 이행되는 것이다. 아동은 개체화되고 차분하게 독립적이 될 수 있기 위해서 우선적으로 전반적인 안정감을 가져야 한다.

내면의 안정감, 그리고 그것을 전달하는 방법

필자는 일을 통해 접하는 중대한 무의식의 문제는 걱정과 거기서 파생되는 문제, 즉 불안이라고 언급했다. 불안은 내면의 불안정을 반영한다. 안정감을 얻지 못한 아이는 불안해한다.

그런데 이러한 불안으로 인해 아이는 자신의 지능을 형성할 수 없고 최고로 사용할 수 없게 된다. 자신의 불안에 맞서 싸우기 위해 아이는 방어 수단들을 취할 것이고, 이것들이 미래의 학습들에 그만큼 장애가 될 것이기 때문이다.

따라서 감정적인 측면에서 아이에게 전반적인 내면의 안정감을 주는 일이 중요하다. 여기서 '전반적'이라고 한 것은, 이미 지적했듯이 완벽한 안전을 주기는 불가능한 일이기 때문이다.

내면적 안정감의 감정적인 요소들은 무엇인가? 일반적으로 다음과 같이 나눌 수 있다.

— 부모, 특히 어머니의 변함없는 보살핌.
— 부모의 상대적인 안정.
— 불안정한 상황의 동반.

□ 부모의 변함없는 보살핌

이것은 인간적인 차원에서 최초의 준거가 되는 성인의 동질적 존재, 즉 어머니로 표현될 수 있다. 어머니는 존재함으로써 아이를 안심시키고 아이가 세계를 발견해 나가는 데 아이와 동참한다. 어머니가 세계를 표현하고 이해하는 방식이 아이에게 안정감을 줄 수도, 또는 그렇지 않을 수도 있다. **어머니는 아이와 아이가 태어난 세계 사이의 중개자이다.** 어머니 없는 아이는 뭔가를 박탈당했고, 어머니 없이는 방어 수단도 없다. 어머니와 함께 있어야 아이는 안심한다. 물론 어머니가 안심시킨다면 말이다. 이러한 어머니의 임무에 아버지가 동참할 수 있다. 따라서 아버지는 안심을 주는 제2의 직접적인 요소가 된다. 아버지는 또한 존재한다는 것만으로도 어머니를 안심시키며 간접적인 역할을 할 수 있다. 이 두 명의 중개자들은 아이가 큰 불안 없이 세계를 발견할 수 있게 해주기 때문에 극히 중요하다.

안정감은 도구적인 측면에서 보살핌의 규칙성으로 나타난다. 아이를 정성껏 돌보고 보살피는 시간상의 규칙성뿐만이 아니라, 그 방법에서의 규칙성 역시 안정감의 요소이다. 불규칙적인 리듬은 끊임없이 아이가 적응하도록 강요할 것이고 영원히 낯선 느낌을 갖게 할 것이다. 예를 들면 식사 시간과 취침 시간의 존중은 시간적인 안전의 지표들이 된다.

마찬가지로 어머니가(보충하여, 아버지가) 취하는 행동들도 중요하다. 아이를 안고 마실 것을 주며, 옷을 갈아입히고 아이에게 말하며, 안심시키는 어머니만의 방식이 있는 것이다.

□ 부모의 상대적인 안정

앞의 얘기를 통해서 우리는 부모란 아기와 아기의 주변 환경 사이의 '중개자'이기 때문에 부모가 매우 불안해하면 자녀를 안심시킬 수 없다는 사실을 쉽게 이해할 것이다. 그러나 매우 불안해하는 부모들도 있다. 이러한 경우에는 가능하다면 도움을 받아야 한다. 록산과 그의 어머니를 상기해 보자. 록산의 어머니는 특히 불안해했기 때문에 도움을 받았고 록산은 외부 '중개자들'의 도움을 받게 했다.

여기서 부모의 정상적인 작은 걱정들과 불가피한 질문들은 문제되지 않는다. 다시 말하지만 어떤 파급 효과를 미칠 수 있는 것은 부모의 불안의 강도와 반복성에 있다. 그러나 이러한 파급 효과는 외부에서 도움을 받는다면 문제가 작아질 수 있다.

부모의 상대적인 안정과 지속성은 아이 안정감의 내면화에 있어서 가장 중요하다. 아이는 외부에서 오는 안정감을 자기 것으로 받아들여 차츰차츰 내면화된다.

그래서 국제적인 금융가 조지 소로스는 자서전[40]에서 다음과 같이 설명한다. "1944년이 내 생애에서 가장 행복한 해였다는 사실은 역설적이다(그의 가족은 유대인으로, 나치에 점령된 헝가리에서 살았다). 나는 열네 살이었는데, 내가 사랑하는 아버지는 상황을 당신의 손안에 쥐고 계셨다. 우리는 죽음의 위협을 받고 있었지만 나는 그것을 피할 수 있을 거라고 확신했다." 외부 환경이 아무리 불안을 야기해도 아이의 지표 대상이 안정감을 줄 수 있는 정신적인 힘이 있다면 아이는 안정감을 가질 수 있다는 사실을 이 증언은 보여준다.

이러한 의미에서 위니코트 역시 다음과 같이 말한다.[41] "우리는 신생아에게 엄마의 사랑이 어떤 면에서 절대적으로 필요한지 정말 이해하게 되었다. 성인의 건강은 유년 시절에 형성되지만 이러한 건강의 기초는 바로 당신들, 어머니들로, 아기가 존재하는 첫주, 첫달에 아기 건강의 기초가 세워진다." 그리고 다음과 같이 덧붙인다. "아기는 적절한 순간에 적절한 음식을 주며, 먹이고 싶어하는 사람이 먹이는 한, 불필요하게 더 원하지 않는다."

□ 불안정한 상황의 동반

부모의 존재, 보살핌의 규칙성과 지속성이 아이 내면의 안정감에 필

---

40) 프랑스에서 《자본의 도전 *Le Défi de l'argent*》(Pocket, 1997)이라는 제목으로 출판된 《소로스 *Soros*》, 소로스.

41) 도널드 W. 위니코트, 《아동과 가족 *L'Enfant et sa famille*》, Petite Bibliothèque Payot, 1991.

수적인 조건들이라면, 이러한 부모의 존재와 보살핌의 지속성에 단절을 가져오는 이별들에 주의하는 게 바람직하다. 실제로 이별이 의미하는 것은 장소(갓난아이에게 자기 방과 집은 안전의 지표들이다)의 변화뿐만이 아니라, 특히 사람(들)의 변화를 의미하기 때문이다.

이러한 변화들이 준비 없이 갑자기 일어난다면, 아이에게는 자신의 지표들이 완전히 전복되는 것이다. 그리고 필자가 이전 저서[42]에서 충분히 보여주었듯이, 지표의 변화는 불안의 원천이다.

이러한 이별들에는 어떤 것들이 있을 수 있을까? 유모두기, 탁아소, 유치원 입학이 있을 것이다. 훨씬 급작스럽게 죽음이 있을 수도 있다.

— 유모두기는 어느 정도 준비가 된다. 특히 우리는 아이를 유모 집에 혼자두기 전에 신경 써서 두세 번 정도 아이와 함께 유모의 집에 가본다. 아이에게 다음과 같이 말하면서 유모를 소개한다. "자, 이분은 X부인이신데 엄마와 아빠가 일할 동안 너를 돌봐 주실 거야" 하고 말이다. 이러한 준비된 교대는 아는 환경 및 사람들과 모르는 다른 장소와 사람들 사이의 중간 단계를 아이에게 허용해 준다. 아이가 그곳에 규칙적으로 가게 되면 어머니나 아버지는 유모의 품에 안기기 전 몇 초간 아이를 안고서 저녁에 다시 데리러 온다고 말한다.——탁아소에 맡길 때에도 같은 방법으로 준비한다. 우선 미리 관심을 갖게 한 다음에, 아이가 짐짝처럼 놓인다는 느낌을 갖지 않도록 아이에게 잠깐의 시간을 줄 것이다.

— 나중에 유치원과 초등학교에 들어가게 되면, 우리는 유치원과 학

---

42) 장 뢱 오베르, 《우리 아이들에게 어떤 지표를 주어야 할까? *Quels repères donner à nos enfants dans un monde déboussolé?*》, Albin Michel, 1996.

교에 대해 미리 긍정적으로 말할 것이다. "네게 친구들이 생기고, 키도 크고, 여러 가지를 배우고, 엄마 아빠가 어릴 때 했던 것처럼 너도 할 거야. 우리가 배웠듯이 너도 배울 거야" 등등.[43]

— 죽음은 이보다 훨씬 심각한데, 특히 그리고 당연히 어머니 혹은 아버지의 죽음일 때 그렇다. 그때 친절한 중개자들 중 한 사람이 아이에게 말할 것이다. "네 엄마 혹은 아빠는 이런 이유로 돌아가셨단다. 전혀 너 때문이 아니지(종종 아이는 이 죽음이 자기 잘못이라고 느끼기 때문이다). 이제는 이러이러한 사람이 너를 돌봐 주러 올 거야." 먼 친척이 죽었을 때 부모의 슬픔은 부모 자신들의 죽음보다 더욱더 아이를 불안정하게 한다. 이런 경우에는 "네 엄마 또는 아빠는 할머니 또는 할아버지가 돌아가셔서 아주 마음이 아프고 슬프단다. 지금은 슬퍼하시지만 그래도 몇 주 후에는 나아지실 거야. 할아버지 또는 할머니를 마음속에 모시고 잊지 않으시겠지만, 누군가를 잃었을 때 슬퍼하는 게 정상이란다. 그리고 얼마 뒤에는 슬픔을 잊는 게 정상이고"라며 설명해 주는 게 중요하다.

이별도 '중개의 말,' 과도기의 말 없이 맞게 해서는 안 된다. 그러한 언어는 프랑수아즈 돌토가 말했듯이 '진실한 말'이다. 말은 아는 것과 모르는 것 사이의 중개 역할을 한다. 얼마나 많은 부모들이, 아직도 아이를 보호하기 위해 자신들의 마음을 아프게 하는 이러저러한 것들을 아이들에게 숨기는가? 이 부모들은 물론 세상에서 가장 선한 의도로 그렇게 한다. 하지만 그렇게 함으로써 이들은 자녀들을 불안하고

---

43) 이렇게 말하면서 우리는 학교에서 어려움을 겪었던 부모에게 학교를 긍정적으로 소개하기가 얼마나 힘들고, 심지어는 불가능한지를, 이러한 부모의 자녀가 학교에 가기 얼마나 어려운지를 헤아려 볼 수 있다.

때로는 죄의식을 느끼는 상황에 처하게 한다. 본의 아니게 말이다. 하지만 이럴 때 자녀들은 엄마, 아빠가 슬퍼하거나 신경 쓰는 것을 보고 들으면서, 뭔가 잘못되고 있음을 느끼고 스스로 자문한다. '내게 말하지 못할 정도로 심각한 무슨 일이 일어났을까? 무슨 일이 생길까? 내가 뭔가 잘못했나? 내 잘못인가?' 라고 말이다. 물론 이러한 의문들은 무의식적으로 일어난다.

　말이 공백을 메울 것이고, 어떤 사건에 내재한 불안에서 벗어날 수 있게 할 것이다. 말은 듣는 사람을, 그리고 말하는 사람을 안정시키는 효과가 있다. 상황을 말하고 표현하는 것은 그 상황에서 벗어나는 하나의 방법이다. 심리치료사들은 이러한 사실을 어느 정도 알고 있는 것이다.

□ 자녀가 더 자라면?

　여섯, 일곱, 여덟 살 또는 이보다 더 나이를 먹은 아이가 내면의 안정감을 형성하지 못하고, 안심하지 못하는 경우를 생각해 보자. 어떻게 해야 할까? 먼저 문제들의 원인들이 어디에 있는지 확인한다. 불안의 징후들은 매우 다양하기 때문이다. 이것들은 억제에서부터 심지어는 의기소침, 공격성으로 나타나는 정신 운동의 불안정에까지 이른다. 그리고 확신, 자신에 대한 신뢰가 부족하고 용기를 내지 못하며 (아니면 반대로 저돌적이다) 원인 모를 복통에 시달린다. 또한 정신적 고통이 여러 형태의 신체적 고통으로 나타날 수 있다. 예를 들면 두통이나 호흡곤란 · 습진 · 알레르기가 불안으로 인해 생길 수 있다. 증상들의 강도와 반복성에 대해 자문해 볼 필요가 있다(어쩌다 한 번의 정신 운동은 불안정이 아니다. 얼마 동안 자신만의 공간에서 몽상에 빠지며 시간을 보내는 것은 심리적 억제가 아니다). 혼자서 진단하는 일이 언제나 쉬운 것은 아니다. 따라서 때로는 전문가들의 의견을 듣는 게 바람직하다.[44]

진단이 나왔다. 당신의 자녀는 불안해하고 있다. 우선, 너무 심각하게 여기지 말고 죄의식에서 벗어나야 한다. 특별히 자녀의 불안이 당신의 불안과 관계 있을 때에는 말이다. 우선적으로 당신이 당신 자신의 불안의 희생자이기 때문이다. 당신이 느끼는 불안의 원인들은 당신이 어릴 때 겪은, 그리고 당신 부모들이 겪은 내력과 관계가 깊다(앞부분의 '아담과 이브의 잘못' 참조). 그것은 당신 잘못이 아니며, 비극도 아니다. 치료를 받아야 할까? 반드시 그래야 하는 것은 아니다. 자녀가 느끼는 불안의 정도에 달려 있다. 진단을 내려 준 전문가가 앞으로 취해야 할 방도를 가르쳐 줄 것이다.

상황을 바꾸기 위해 당신이 생각해 볼 수 있는 것들에 대해 자문해 보라. 그것은 자녀를 향한 당신의 시선과 판단에서부터 시작될 수 있다. 예를 들어 당신의 아이가 불안 때문에 분주히 움직이고 말을 듣지 않는데 당신이 아이를 '골칫거리'(심지어 더 나쁘게!)로 여긴다면 아주 다른 인식, 따라서 다른 관계를 초래할 수 있다.

자녀 태도의 원인과 방법을 이해하면 훨씬 쉽게 견딜 수 있고, 당신 자신이 보다 적절한 태도를 취할 수 있다. **부모들이 이 새로운 임무를 감당할 수 있는 한, 최선의 치료사는 부모 자신들**이라고 필자는 늘 부모들에게 말한다. 만일 부모들이 심각한 무의식의 충돌에 사로잡혀 있

---

44) 학교에서는 교육상담원의 의견을 직접, 아니면 교사를 통해 들을 수 있다. 학교에서 상담은 무료이다.

함께하든 혼자 하든 상관없지만, 대립해서는 안 된다

어린이의 문제에 접근할 때는, 문제를 맡은 사람이 파트너와 함께 또는 파트너 없이 해도 상관없지만 파트너와 대립해서는 안 된다는 점이 중요하다.

당신의 아이가 학교에서 어려움을 겪는다고 가정해 보자. 문제에 접근하는 최선의 방법은 아이의 선생과 협력하는 것이다. 만일 어떤 이유로 해서 당신이 아이의 선생과 연결점이 없다면, 혼자 하되 그 선생과 대립하지는 마라. 다시 말해 당신과 협력하지 않는 사람에게 책임이 있다고 하지 말라는 얘기다. 예를 들어 아이에게 "그게 잘 안 되는 것은 네 선생님 탓이다"라고 말하는 것은 실제적으로 아무런 도움이 되지 않는다. 오히려 그 반대이다. 당신은 그렇게 말하면서 불안에서 벗어날 수 있을지 모르겠지만, 상황을 손톱만큼도 개선시키지 못한다. 이럴 경우에는 연결점을 잘 찾을 수 있는 다른 파트너들[45]과 함께 해결책을 찾도록 해봐야 한다. 아이 앞에서 선생을 죄인으로 지적한다면, 당신은 아이를 돕지도 못하고 문제를 책임지지도 못한다. 아이 역시 희생양을 두게 될 것이다. 예를 들면 다음과 같다. "그 애를 이해할 수가 없어, 그 애와는 대화가 안 돼. 이런 일이 자주 생겨. 우리는 이제 이렇게 할 거야."

아이가 겪는 어려움의 책임자로 당신이 지적하는 사람(아빠·선생·치료사 등등)은 당신과 아이가 회피하는 모든 것들을 아이에게 결집시킬 것이다. 이러한 이유로 이상적인 경우는 다른 사람과 협력하는 것이다. 그러나 대부분의 경우는 불행히도 파트너 없이 혼자 아이를 돕기도 하지만, 누구와 대립하여 아이를 도우려 하는 것은 최악의 방법이다.

---

45) 학교의 교육상담원이나 적응교사, 재교육자가 될 수 있다.

다면——열의에도 불구하고——상황을 변화시킬 수 없다.

가능하면 다른 부모들과 문제에 대해 얘기를 나눠 보도록 하라. 이것이 불가능하면, 어머니나 아버지의 무책임을 탓하지 않으면서 당신이 할 수 있는 것에 대해 자문해 보라. 다른 사람에게 책임의 소재를 묻는 것은 훌륭한 방어 수단이지만, 상황을 고정시키는 방법이기도 하다. 아버지 또는 어머니가 아무것도 하지 않는 것은 그들이 아무것도 할 수 없기 때문이고, 그들을 유일한 책임자로 여긴다고 해서 그들이 더 반응하지도 않는다.

바른 진단을 내리고, 자녀를 잘 이해하며, 이에 대해 부모가 할 수 있는 일을 자문하는 것이 긍정적인 변화를 위한 최선의 시작이다. 문제를 극복할 수 없을 것 같으면 주저하지 말고 도움을 받아야 한다.

실제적으로 상황이 긍정적으로 변하는 경우는 모두가 "이 아이를 가장 잘 돕기 위해 내가 무엇을 할 수 있을까?"라고 자문하고 파트너들 사이의 협력이 상호 신뢰의 관계에서 확립될 때이다. 교사는 교사로서의 역할을, 부모는 부모로서의 역할을, 교육상담원은 상담원으로서의 역할을 하는 것이다. 각자가 자신의 역할을 명확히 규정하고 고유의 계획을 가지고 있을 때, 아이는 전적으로 안심하고 구조적인 요소가 형성하며 이 요소에 근거해서 신뢰와 안정을 가질 수 있다.

어떻게 하면 아이에게 독립심을 키워 줄까?

지능의 감정적 기초의 또 다른 면은 아이가 어떤 과업을 혼자서 맡는 능력이다.

이것은 쉽게 알 수 있듯이 의존적인 아이에게는 없다. 의존적인 아이는 무엇을 하기 위해서 언제나 다른 사람의 존재를 필요로 하고, 혼자 할 때의 성공은 보잘것없다. 의존적인 아이에 대해 교사들은 이렇게 말한다. "이 아이는 내가 늘 옆에 있어야 제대로 할 겁니다."

이러한 아이의 어머니도 아이에 대해 이렇게 지적한다. "집에서 저와, 또는 애 아빠와 할 때는 괜찮아요. 배운 것을 잘 알지요. 그런데 다음 날 학교에서는 잊어버려요." 물론 이처럼 특수한 문제의 원인은 여러 가지가 있을 수 있지만, 대개 주요한 원인은 다음과 같다. 이 어린 소년 혹은 소녀는 지적으로 스스로 책임을 지도록 하는 심리적 독립심을 형성하지 못한 것이다.

우리는 이것을 심리적으로 다르게 정의할 수 있다. 즉 정신분석학에서는 아이가 오이디푸스 콤플렉스를 극복하지 못했다고 설명할 것이다. 또 다른 용어로 하면 이 아이는 심리적으로 우선 엄마와, 그 다음에 아빠와의 사이에 거리를 두지 못했다. 이러한 아이를 우리는 '융합기'의 아동이라 한다. 오스트리아 출신의 미국인 정신분석학자 마거릿 말러는 분리-개별화의 과정이 충분히 이루어지지 않았다고 설명할 것이다.

이것은 예를 들면 아이가 교과서를 읽을 때 각각의 단어들에 집착하여 읽은 것을 종합하고 이해하는 데 필요한 거리두기를 잘하지 못하는 현상으로 표현될 수 있다. 여기서 우리는 심리 현상이 이와 일치하는 에밀리의 경우를 기억할 수 있을 것이다.

정신적 독립심은 학교에서 앞서가는 아이들의 주요한 특징들 중 하나이다. 이것은 그러한 아이들의 가장 놀라운 면들 중의 하나이기도 하다. 필자는 수년간의 임상 경험을 하면서 아주 어린아이들을 포함하여 아이들의 이러한 측면을 확인하고는 언제나 놀라움을 금치 못한다. 네 살 반인 어린 카트린을 필자는 아직도 잊지 못하는데, 이 아이는 조기 진학한 초등학생처럼 보였다. 평가는 목요일에 이루어졌는데, 지난 주말에 부모와 한 것들을 시간 순으로 매우 정확하게 얘기할 수 있었다. 이러한 아이들은 자기 주변에서 일어나는 일들에 대하여 심리적으로 자신의 자리를 잡는다. 곧 이 아이들은 사건과 현상들에 대하여 거리를 두고 그 사건들에 적응할 수 있다.

독립심 혹은 개별화는 감수성 결여와 이기주의를 의미하는 게 아니라고 분명히 하는 게 바람직하다. 상식적인 의미에서 개별화된 아이는 계속해서 자신의 부모를 사랑하고 존중하고 부모의 말에 귀기울이면서, 자신을 사랑하고 존중하고 경청하는 부모에게 대답할 수 있는 권리를 가지고 있음을 안다.

우리는 이러한 심리적 측면의 확립을 가능케 하는 두 가지의 주요한 감정적 요소들, 즉 아이에게 독립심을 줄 수 있는 부모의 능력과 아이를 완전한 개인으로서 고려해 주기를 구분할 수 있다.

□ 자녀에게 독립심을 줄 수 있는 부모의 능력

아이에게 정신적 독립심을 주기 위해서는 스스로 그렇게 할 수 있어야 한다. 실제로 이것이 의미하는 것은 자신의 정신적 독립심을 준다는 것이기 때문일까? 이것은 우리가 아이를 하나의 완전하고 자신과 동등한 개인으로 본다는 것을 의미한다. 또한 아이가 우리의 것이 아니라는 사실을 인정하는 일이기도 하다. 오히려 자녀를 양육하는 것이 우리의 일인데, 이것에는 몇 가지 설명이 필요하다.

아동을 한 명의 완전한 개인, 성인과 동등한 사람으로 여기는 것은

독립심과 자율성을 혼동하지 마라

독립심──혹은 개별화──은 자율성과 개념이 다르다. 자율성은 심리적 · '기계적'으로 자기 자신에 대해 책임을 지는 능력과 더 관련 있다. 예를 들면 아이가 혼자서 옷을 입고 몸을 씻을 수 있는 것을 말한다. 하지만 개별화의 개념은 전적으로 심리적이며, 개성의 측면에서 제대로 개별화된 아이는 쉽게 영향을 받지 않는다. 이러한 아이는 수용력이 있으면서 의존적인 아이와 달리 비판 정신, 분석 정신도 가지고 있다.

이것은 실제로 분명하지 않은 정신적 특질 중의 하나다. 그렇기 때문에 많은 성인들이 자율적이지만 제대로 개별화되지는 못했다고 할 수 있다. 이것으로 집단적 충동의 현상, 군중 현상들을 일부분 설명할 수 있다. 거리두기와 분석 능력을 완벽히 갖지 못한 사람은 어떤 사건이나 '강한' 개인에게 쉽게 휩쓸린다. 강한 정체성이 없어서 또래 친구들의 쉬운 먹잇감 또는 희생자가 되었던 제레미의 경우를 기억할 것이다. 이 어린 소년은 의존성의 극단이었다.

상대적으로 최근의 인식 방법이다. 수세기 동안 그리고 1970년대까지 아동의 자리는 뒤로 밀려나 있었다. 사실상 아동은 일을 하기 시작했을 때에야 관심의 대상이 되었다. 정신분석학적으로 아동은 주체라기보다는 대상이었다. 권리는 거의 없고 의무들만 많았는데, 아동에게 인정해 주는 권리란 대개 침묵할 권리였다. 물론 예외가 있었지만 대다수의 어린 소년 소녀들은 아무 말 없이 복종해야 했다. 이것이 나중에 아이들이 사회에 동화되는 데 큰 문제를 야기하지는 않았다. 계속해서 이 아이들 대부분이 나중에 자신의 자녀들에게도 복종을 요구했다. 어떤 면에서 교육은 서로 '성장하는' 사회와 합치되어 이루어졌다.

아동의 지위를 바꾸는 데 기여한 것은 확실히 정신분석과 특히 아동에 대한 정신분석학자들의 태도였고, 인간 존재의 생리적이고 심리적인 기능에 대한 더 나은 이해임을 필자는 이미 지적했다.

20세기말에 아동은 더 이상 대상이 아니라 주체로 여겨진다.[46] 이러한 생각이 많은 사람들에게 받아들여지기는 하지만 어떤 이들은(아동의 지위를 주체에서 왕의 지위로 넘어가게 하는 경향이 있는) 이를 잘못 이해하고 있으며, 아동은 말할 권리가 없고 어른이 아동에 대한 모든 권리를 갖고 있다고 생각하는 또 다른 사람들은 이러한 생각을 전혀 받아들이지 않는다.

이 두 부류의 성인들은 자녀에게 심리적인 독립심을 키워 주는 데 가장 큰 어려움——또는 불가능함——을 느낀다. 이유가 무엇일까? 대개 이들은 자신의 개성을 분명히 알지 못하고, 주체로서의 자기 자신을 분명히 드러내지 못하기 때문이다.

이러한 사실을 통해 우리는 자녀에게 정신적인 독립심을 줄 수 있으려면 전반적으로 스스로 독립심을 가져야 한다는 암묵적인 사실을 발견한다. 실제로 그래야 아이를 두려워하지 않는다. 자기 주장이 분명하지 않은 어른은 아이가 자신과 동등해질까 봐, 더 나아가 자신을 넘어설까 봐 무의식적으로 두려워한다. 따라서 이러한 어른은 과도하게 권위적이거나 자신을 비하함으로써 아이의 의존 상태를 고수한다. 이렇게 자녀가 자신과 동등해지는 것을, 혹은 더 나아가 자신을 넘어서는 것을——늘 자신도 모르게——막게 된다. 이러한 부모가 학교에서 성공적이지 못했다면, 우리는 이 사람이 키우게 될 자녀에게 무

---

46) 어쨌든 대부분의 서구 국가에서 그렇지만 불행히도 전세계, 모든 나라에 해당하는 것은 아니다.

슨 일이 일어날지 훤히 알 수 있다. 이러한 부모는 자녀를 키우지 못하고(자녀를 더 낫게 향상시킨다는 의미에서) 억누를 것이다.

자기 확신이 분명하지 않은 두번째 유형의 부모는 언제나 자녀에 대한 두려움으로 아이를 왕 같은 아이로, 더 나아가 독재자 같은 아이로 만들 수 있다. 그리고 아이에게 아무것도 거절하지 못하고 모든 것을 허락하며, 아이가 요구한다면 옳지 못한 것이라도 모두 들어줄 것이다. 이렇게 함으로써 부모 자신이, 절대 권력에 가까운 잘못된 독립심을 가진 아이에게 의존하는 상태에 놓일 것이다. 이것은 타인을 배제하기 때문에, 곧 타인은 존재하지 않는다는 듯 행동하기 때문에 잘못된 독립심이다. 이것은 '나만 옳다' 혹은 '내가 곧 법이다'라고 하는 것이며 균형잡힌 사회 생활의 현실 원칙에서 완전히 벗어난다.

따라서 자녀에게 올바른 정신적인 독립심을 주기 위해 필요한 전제 조건은 우선 자기 부모에 대한 자신의 독립심에 대해, 그 다음에 다른 사람들에 대한 자신의 독립심에 대해 먼저 자문하는 것이다. 실제로 여기서 두번째의 독립심은 앞의 독립심의 결과이다. 우리는 부모의 부모가 되는 순간부터 어른이 된다고 융은 생각했다. 독립심의 개념도 어느 정도 이러한 관점에서 이해될 수 있다.

두번째 전제 조건은 첫번째 전제 조건에 근거를 둔다. 첫번째 전제 조건이란, 아이는 우리가 아니라 아이가 태어난 세상에 속한다. 프랑스어에서 '아이를 낳다'라고 할 때 '세상에 내놓다'라는 표현을 쓰는 것에 이러한 의미가 있는 것이다. 사실은 이 말의 양면성은 우리가 '~에 속하다'라는 동사에 부여하는 정의에서 기인한다. 우리는 모두 어떤 그룹에 속해 있기를 원한다. 그래야 안심하고, 조직화하며, 기쁨을 느끼고, 삶의 의미를 갖게 된다. 누가 뭐라고 하든지 우리는 모두 어떤 그룹에 속한다. 직업 · 사회 · 종교 · 스포츠 등.

그런데 이러한 소속에는 건전한 것과 불건전한 것이 있다. 건전한 소속은 자기 자신과 타인의 존중, 귀속 집단에 대해 전적으로 또는 부분적으로 동의하기로 선택한 개인의 자주성을 함축한다. 불건전한 소속은 반감과 개인의 자유에 대한 비존중, 의존성을 함축한다. 이러한 집단에서 개인은 권리만 갖는다. 개인을 희생시키며 공동의 규범에 전적으로 따르는 권리 말이다. 게다가 이러한 유의 집단은 타인들에 반하여, 모든 악에 대해 책임이 있는 사회의 나머지들에 반하여 자신의 위치를 정함으로써 기능한다. 타인들과 함께 또는 타인들에 반해서가 아니라 타인들 없이 집단으로서 존재하는 건전한 집단의 경우에는 결코 그렇지 않다. 바로 여기서 절제된 귀속 집단과, 극단적이고 보수적이며 무정부주의적인 귀속 집단의 차이를 볼 수 있다.

아이는 이렇게 건전한 귀속 집단에 대한 절대적인 욕구를 가진다. 아이는 자신을 존중하고 자신도 존중하며, 자신이 믿고 자신을 믿어 주는 가족에 소속되어 있음을 느낄 수 있어야 한다. 아이는 가족의 노예가 아니며, 독재자는 더욱 아니다. 다른 가족 구성원들과 마찬가지로 아이만의 자리가 있다. 다른 가족들의 자유를 존중하듯이 아이의 자유도 존중받아야 하고, 그 가정도 다른 가정에 반하여 이루어져서는 안 된다.

그렇다. 이러한 의미에서 아이는 우리에게 속한다. 우리가 그에게 속하는 것과 같은 이유로 말이다. 이러한 소속감은 상호성과 상호 존중으로 성립된다. 가정은 건전한 귀속 집단으로서 안전을 보장해 주는 기준 집단이 되기 때문에, 이러한 소속감은 아이에게 필요하다.

이러한 의미에서 자기 가정에 대한 소속감이 없는(혹은 불건전한 의미의 소속감을 갖는) 아이는 자신이 존중받지 못하고 자신의 자리를 찾지 못하는 가정에 반항할 것이다. 따라서 아이는 다른 집단, 불행히도 불건전한 집단에 소속되려고 할 것이다. 거기서 아이는 중요한 인물이 되는 환상을 갖겠지만 실제로는 그렇게 되지 못하고 다시 희생자가 된다. 이번에는 타인에게 이용당하면서 말이다.

따라서 아이에게 정신적인 독립성을 주기 위해서는 자기 자신이 전반적으로 독립적인 것이, 그리고 아이는 우리에게 복종의 대상으로서가 아니라 완전한 주체로서 가정, 더 나아가 사회에 소속되어 있음을 고려하는 것이 중요하다.

□ 아이를 완전한 개인으로서 고려한다

필자는 II장에서 이러한 생각을 폭넓게 다루었다. 그래도 그 **대화**를 반복해서 설명하겠다. 대화는 아이의 말을 존중하는 범위 안에서 두 사람 사이에 일어난다. 그리고 우리가 말한 것과 말하는 것을 존중하는 법을 배우겠다는 아이의 말을 존중할 때(완전한 동의나 무조건적인 찬성을 의미하지 않는다) 일어난다.

이러한 생각이 구체적으로 드러나는 두번째 모습은 자기 존중과 다른 사람들의 존중이다. 약간 풍자적으로 요약하면 다음과 같다. 대화하는 것은 좋다. 몸소 보여주는 것은 더 좋다. 말하고, 대화하고, 의견을 주고받는 것은 진실한 행위에 근거할 때에만 효과를 가질 수 있다. 서로 존중하지 않는 어른이 아이에게 존중하라고 요구할 수 있을까? 대답은 명확히, 요구할 수 없다. 본보기는 우리가 너무나 흔히 잊는 미덕이다.

아이의 정신적 독립심에 기여하는 감정적인 세번째 태도는 '계획에

무례한 아이? 존중받지 못한 아이

내가 만난 아이들 중에 무례한 아이들은 모두 다 실제로 집에서 존중받지 못했다. 아이들은 이러한 상황을 언제나 재현한다. 특히 학교에서 아이들은 자신을 존중하지 않는 아이들에게 더욱 폭력적으로 재현할 수 있다. 때때로 이러한 아이들에 대하여 잘 대처할 수 있는 교사들을 보고 놀라는 사람들이 있다. 이러한 행복한 교사들은 늘 학생들에 대하여 자신들이 책임이 있다고 여긴다. 그리고 이 교사들은 자신들이 존중받았고 아이들을 두려워하지 않기 때문에 그 아이들에 잘 대처할 수 있는 것이다. 그러므로 아이들의 반발적 태도에 불안해하지 않고, 자신의 불안으로 인해 공격성을 드러내지 않으며, 올바르게 대응한다. 이렇게 차분하게 대처하는 능력 또한 수준이 다양하다. 그 수준은 교사와 교사의 인격뿐만이 아니라 교사가 가르치는 집단에 달렸다.

아이에게 존중받는다는 것은 단지 아이가 존중하게 하는 것만을 의미하지 않는다. 우선적으로 아이를 존중하는 것을 의미한다. 이 문제와 관련하여 특정한 교육적 실험을 한 아니 코르디에[47]는 다음과 같이 지적한다. "모든 시도들 가운데서 몇 가지 요소들이 결정적인 것 같다. 아이들과 청소년은 무엇보다도 자신에게 관심을 갖고 자신을 존중해 주며 말을 건네는, 한마디로 단지 학생이 아니라 주체로 대해 주는 어른과 마주한다는 사실이다." 우리는 날마다 이에 대한 증거를 본다.

던져 넣기'이다. 여기에 기억의 환기를 덧붙일 수 있다. 이유는? 아이를 계획에 내놓음으로써 가정 생활의 완전한 한 주체로 만들 수 있기

---

47) 아니 코르디에, 《교사의 불안 *Malaise chez l'enseignant*》, Seuil, 1998.

때문이다. 상황들이 아이와 함께 만들어지며, 아이 없이는 만들어지지 않는다. 아이는 다른 사람들과 같은 자격으로 이러한 현실에 관여한다. 함께했던 과거를 환기시킴으로써 아이에게 그 기억을 재생시킬 수 있다.

이러한 가족의 계획은 아주 단순할 수 있다. 예를 들면 토요일에 온 가족이 함께하게 될 장보기, 또는 이사 갈 집을 둘러보거나 선택하는 등의 보다 중요한 일이 될 수 있다. 이러한 계획에 아이를 참여시킴으로써 아이는 가정 생활의 한 주체가 되는 것이다. 아이는 자신의 자리와 정체성을 느끼고 가정 생활에 참여한다.

학교에서는 이러한 가족적인 계획에 참여하는 것의 미덕에 대해 충

아무도 읽는 법을 배우고 싶어하지 않는다……
단지 읽는 법을 알고 싶어한다

읽는 법을 배우기 전에 읽고 싶어하는 아이들이 가끔 있다. 학습의 강압적인 개념을 이해하지 못한 듯이 말이다. 아이에게 계획을 알림으로써 당신은 유쾌하고 적극적인 방법으로 아이를 수없이 이용하게 될 사고의 도식 안에 있게 한다. 읽고 싶어하지 않는 아이는 없다. 하지만 읽기 위해서 아이는, 목표에 도달하기 전에 시간과 제약이 필요하다는 사고의 도식을 내면화해야 한다. 목적이 있음을 받아들인 아이는 이러한 제약도 받아들인다. 그것이 마음에 들어서가 아니라, 목적이 달성되면 기분이 좋을 것임을 '알기' 때문이다.

그러나 계획에 던져지지 않은 아이, 곧 수동적이고 가정 생활에서 구경꾼 역할만 하는 아이는 그것을 모른다. 그래서 즉시 읽는 법을 알지 못하면, 나중에 기쁨을 얻는다는 것을 모르고 읽는 법을 배우는 일을 시작하는 데 낙심할 것이다.

분히 말하지 않는다. 가정의 계획에 참여하는 아이는 즐거움이란 미뤄질 수 있다는 사실을 받아들인다. 예를 들면 우리는 내일 아니면 일요일에 숲으로 산책하러 갈 것이다. 8월에 바다로 휴가를 떠날 것이다. 그래서 함께 광고 전단이나 여행 안내서들을 볼 것이다. 이러한 아이는 행복한 것이다. 왜냐하면 이 아이는 적극적이고 즐거운 전망을 갖고, 그의 삶에 유용할 과정, 곧 연기된 기쁨의 원칙을 밟고 있기 때문이다. 이것은 모든 배움의 과정에서 발견하는 원칙이다. 가정 생활의 주체로서 계획을 함께 짜는 아이는 기다리는 것을 배운다. 기쁨은 나중에 올 수 있고, 출발과 도착 사이에 시간이 걸리며, 언제나 좋은 일만 할 수 있는 것은 아니라는 사실을 내면화하는 것을 배운다.

따라서 계획하는 것을 통해 아이는 연기된 쾌락의 원칙을 배우고, 앞으로 성인의 삶에서도 성공할 수 있는 조건들을 갖는 힘을 얻게 된다. 다니엘 골먼은 자신의 책 《감성 지성》에서 이 주제와 관련하여 1960년대에 심리학자 발터 미셸의 흥미로운 실험을 상세하게 서술한다. 그 실험은 다음과 같다. 네 살 난 아이들에게 사탕을 주겠다고 약속한다. 실험자가 시장에 갔다 오겠다 하고, 돌아올 때까지 기다리면 두 개를 주겠다고 한다. 실험 결과, 아이들 3분의 2는 실험자를 기다려서 사탕 두 개를 얻었고 나머지 3분의 1은 기다리지 않고 바로 단 한 개의 사탕만 얻는다. 다니엘 골먼은 설명한다. "중등학교 성적을 비교해 보니, 네 살 때 기다릴 줄 알았던 아이들이 충동적이었던 아이들보다 성적이 좋았다. 기다릴 줄 알았던 아이들은 자신의 생각을 설명하고 추론하며 집중하고 계획을 세우고 실행하는 데 다른 아이들보다 더 뛰어났으며 배우고자 하는 욕구도 더 강했다. 그리고 대학입학자격시험에서도 다른 아이들보다 성적이 대략 20퍼센트 정도 높았다."

연기된 쾌락 원칙의 통합과 욕구불만에 대한 저항력은 단지 아이의 계획에만 기인하는 것은 아니다. 앞으로 살펴보게 될 교육적 규범의 통합에 특히 영향을 많이 받는다.

언제나 대화와 계획에 던져 넣기가 성공적인 개체화 과정의 구체적인 두 가지 징후이다. 아이를 하나의 완전한 개체로서 보기 때문에 아이에게 자신의 정신적 자주성을 줄 수 있는 부모는, 아이가 자신의 지능을 활용하는 데 결정적인 감정적인 조건을 주는 것이다. 아이는 이러한 조건과 함께 스스로 자신의 지적 도구를 사용할 수 있을 것이다.

물론 이러한 정신적 자주성, 개체화 과정은 점차적으로 확립되며, 완전한 자주성이란 완전한 안전과 마찬가지로 존재하지 않는다는 사실을 분명히 하는 것이 중요하다. 어른들과 마찬가지로 아이들에게 있어서도 말이다. 이러한 과정은 우선적으로, 또 동시에 아이가 내면적으로 안전하다고 느낄 때 확립될 수 있다는 점도 잊지 말아야 한다. 안정감이 없다면 아이는 혼자 모험을 떠나고 싶어하지 않을 것이다.

내면의 안정감과 정신적 독립성은 지능의 감정적 기초의 결정적인 두 원소들이다.

이러한 두 가지 정신적 자질은 아이의 개인적이고 관계적인 행복에 영향을 끼친다는 사실은 두말할 필요도 없다. 대체적으로 내면적으로 긴장이 이완되고, 이러한 정신적 견고함을 내면화했기 때문에 타인이나 외부적인 사건들에 대해 자신을 지키는 아이는 만족해하지 않는다. 순진한 낙관주의자가 아니라, 삶이란 늘 쉽지만은 않다는 것을 알고 장애물에 대해 덜 불안해하며 접근하여 더 잘 풀어나갈 수 있는 현실주의자가 된다.

이러한 안정감을 가지고 있어야, 더 나아가 정신적 독립성을 가지고 자신의 개성을 분명히 주장할 수 있어야 다른 사람들과 잘 지낼 수 있다. 왜냐하면 이러한 양상을 통해 주변 사람들에 대해 분명하게 자신을 한정할 수 있기 때문이다. 곧 자신은 모호하고 가늠할 수 없으며 쉽게 영향받는 존재가 아니다(제레미를 생각해 보라). 자기 자신과 타인에 대한 열린 태도가 건전한 관계를 가능하게 한다. 이러한 관계적인 자질은 확실히 직업 사회로 편입하는 데 매우 중요한 조건——학위 외에 더 요구할 때——이며 앞으로도 그럴 것이라고 이미 언급했다. 이러한 '학위 외에 더 요구되는 것'에 관계적인 측면을 포함해야 할 것이다. 또한 적응 능력과 침착하고 확고하게 변화에 대처하는 능력도 포함시켜야 한다. 내면의 안정감이 있는 사람만이 최대의 효율성을 발휘할 수 있기 때문이다.

아이에게 안정감과 자주성을 줌으로써 우리는 아이가 자신의 지능을 잘 이용하는 데 반드시 필요한 정신적인 두 가지 자질을 부여한다. 이로써 우리는 아이의 현재와 미래의 개인적이고 관계적인 행복에 있어서 그 무엇으로도 대체할 수 없는 조건들도 부여하게 된다.

VI

지능의 교육적인 조건들

나는 '아이를 계획 속에 넣다'라는 개념을 지능의 교육적 기초로 두고 싶다. 감정적이고 교육적인 조건들은 늘 긴밀하게 얽혀 있다. 이 두 가지 조건의 차이는, 하나는 그 근원이 개인의 역사적 배경에, 또 다른 하나는 사회적 차원에 더 많이 있다는 데서 기인한다.

욕구불만에 대한 관심

사회적 차원에서 교육적 조건은 거의 언제나 **교육적 규범**이라는 개념과 관계가 있다. 아이를 교육한다는 것은 아이에게 사회에 동화될 수 있도록 최대한의 (감정적·교육적·생리적·인지적·문화적) 조건들을 부여함을 의미한다. 그리고 **교육자는 이러한 조건들을 아이에게 부여하는 데 기여하는 사람이다.** 그리고 바로 이러한 이유로 해서 교육과 그 규범들은 지속적으로 변한다. 왜냐하면 교육은 아이가 속한 사회가 변하는 것에 따라 필연적으로 변해야 하기 때문이다.

그런데 지능에 할당된 작품 속에서 교육적 규범은 무엇을 해왔는지 자문해 보자. 교육적 규범의 첫째 목표는 사회 속에서 살아갈 수 있게 하는 것이지만, 그 규범은 아이의 학습 능력에도 중요한 영향력을 미친다.

□ 채찍과 당근의 제한적인 효과

아이는 오직 감정적으로 만족스러운 환경 속에 있을 때에만 교육적 규범에 잘 통합될 수 있다는 사실을 알아야 한다.

교육한다는 것은, 욕구불만을 일으키고 안 된다고 말하는 것이다. 아이는 자신을 존중하고 자신도 존중하는 부모에게 신뢰감이 있다면 그러한 욕구불만을 받아들일 것이다. 부모에게 신뢰감이 있는 아이는 부모가 자신에게 좋은 것을 준다는 것을 직감적이고 무의식적으로 '알기' 때문에 이러한 욕구불만을 받아들이는 것이다. 따라서 부모는 아이에게 다 네게 좋게 하기 위해서라고 말할 필요가 없다. 단지 날마다 아이와 함께 하는 관계 속에서 보여줄 뿐이다. 이미 언급했듯이 본보기가 말보다 훨씬 더 설득력 있다.

그러나 부모를 신뢰할 만한 '증거'를 갖지 못한 아이는(부모가 폭력적이거나 약속을 지키지 않았거나, 특히 아이를 존중하지 않아서), 교육적 규범이 또 하나의 욕구불만이 되기 때문에 그것을 받아들이지 못할 것이다. 이러한 아이는 또 하나의 제약을 받아들이는 데 대한 감정적인 보상을 충분히 받지 못해 왔고, 앞으로도 그럴 것이다. 따라서 이러한 아이들에게는 채찍과 당근의 효과가 제한적이다.

가정과 학교, 사회에 더 잘 동화되기 위한 규범

규범은 우리가 사실상 혼자가 아니라는 사실 때문에 필요 불가결하다. 무인도의 로빈슨 크루소에게는 그가 원하는 모든 것이 허용되었다. 그래도 그는 아무도 방해하지 않았고 누구에게도 해를 끼치지 않

사회화는 가정에서부터 시작된다

오래된 심리학적 고정관념을 타파해야 한다. 그렇다. 사회화는 학교에 입학하면서 시작되는 게 아니다. 사회화는 탁아소에 들어갈 때쯤부터 시작되는 것도 아니다. 아이의 사회화는 아이가 태어나는 순간부터 시작된다. 한 개인은 혼자가 아닌 순간부터 사회적 존재가 된다. 따라서 사회화는 가정에서 시작된다. 당연히 아이가 생긴 날부터 가족, 특히 엄마는 아이가 가족들에게 적응하는 것보다 더 잘 아이에게 적응할 것이다. 언제나 첫 행보는 어른들이 시작할 것이다. 그러나 아이가 다른 가족들과 마찬가지로 가정 안에서 자신의 자리를 갖도록 아이에게 사회 규범을 조금씩 가르쳐야 한다.

앉으며 그 누구의 자유도 침해하지 않았다.[48] 두 사람이, 더구나 그 이상이 함께 산다면, 각자가 타인에 의해 짓밟히거나 타인을 짓밟지 않기 위해(도로교통법은 이러한 내용을 문자로 명시한다) 공동 생활 규범이 필요하다.

아이에게 가정 생활의 규범을 가르침으로써 학교에 들어가는 데 필요한 교육적 통행증을 부여하게 된다. 그러면 아이는 적응하는 데 아무 어려움 없이 다음 단계로 넘어갈 수 있을 것이다.

가정에서 제멋대로 행동하거나 전적으로 복종 상태에 있는 아이는 처음 학교에 들어가 제약을 받아 그것을 수용하거나 스스로에게 자유의 공간을 허용하는 데 큰 어려움을 겪게 될 것임은 쉽게 상상할 수 있다.

삶의 규범은 존중과 공평에 기초해야 한다. 그리고 말해지고 본보

---

48) 방드르디에서 보는 이야기에 한해서 말이다.

기로 보여야 한다. 존중은 상호적이어야 하고 모두에게 공평해야 한다. 규범은 설명되고(아이가 이해할 수 있는 수준에서) 날마다 보여짐으로써 강화되어야 한다. 예를 들면 당신은 하루에 한 번 이를 닦으면서 아이에게 하루에 세 번 이를 닦으라고 하지 마라. 당신이 아무리 치아 건강을 위한 바른 생활 습관에 대해 설명해도 아이는 당신이 왜 그 좋은 원칙을 실행하지 않는지 의아하게 생각할 것이다. 당신이 모범을 보이지 않는다면(누가 그러한 기준에 모범을 보이겠는가?) 아이에게 모범을 보이라고 요구하지 마라. 당신 자신이 존중과 공평이라는 개념에 귀감이 되어야 한다.

사회규범에 대한 당신의 입장도 매우 중요하다. 당신이 사회규범을 철저하게 문제시하고, 더 나아가 지키지 않는다면, 자녀가 자신처럼 규범을 지키지 않는 것에 대해 놀라지도 않을 것이다.

배우는 것을 배우기 위한 규범

다시 우리의 주제로 돌아왔다. 여기서 우리는 이미 언급했던 '계획에 던져 넣기'와 비슷한 과정으로 돌아왔다. 일상에서 흔히 마주치게 되는 장면을 한번 상상해 보자. 한 어린 소녀가 인형을 가지고 놀고 있다. 아이 엄마는 밥 먹을 시간이 되었으므로 식탁에 와서 앉으라고 한다. 소녀는 '엄마가 예상하지 못했던' 태도를 보이며 계속 인형을 가지고 논다. 소녀는 당장의 즐거움에 집착한다. 그러나 놀던 것을 그만둠으로써 엄마 말에 순종할 수도 있다(여기서 우리는 아이가 허기를 채우기 위해 식사 시간을 기다리고 있는 상황은 배제하기로 한다. 이 상황에서 엄마 말을 듣는 것은 욕구불만을 일으키지 않을 것이기 때문이다).
아이는 두 가지 다른 동기를 가지고 엄마 말에 순종할 수 있다. 아이
는 밥을 먹은 뒤에 다시 놀겠다며 쾌락을 뒤로 미루거나, 엄마 말을
들음으로써 엄마의 사랑을 받는 등의 다른 쾌락을 얻는 데 동의하는 것
일 수 있다. 대체적으로 균형잡힌 환경에서 이 두 가지 동기 부여는
아마 동시에 일어날 것이다. 이러한 상황에서 소녀는 당장의 쾌락을
포기하고 욕구불만을 수용함으로써 연기된 또는 다른 쾌락을 얻게 된
다. 어떤 이유에 의해서든 식탁 앞에 앉은 소녀는 당장의 쾌락에서 연
기된 혹은 다른 쾌락으로 넘어갈 수 있다는 사실을 이해한다.

그러나 엄마 말을 듣지 않는 소녀는 그러한 경험을 하지 못했기 때
문에, 엄마 말을 듣지 않는다. 모든 학습에서 볼 수 있는 과정, 즉 A에
서 B로 넘어가는 과정을 이해하지 못한다. 이는 한 단계에서 다른 단
계로 넘어가는 일에는 포기가 따르지만 나중에는 연기된 혹은 다른 만
족을 얻을 수 있다는 사실을 이전에 배우지 못했다면, 이 아이에게 어
떻게 다음 과정으로 넘어가도록 동기를 부여할 수 있을까? 교육적 경
험을 반복함으로써 아이에게 학습 과정을 무의식적으로 이해시켜야
한다. 필요한 감정적인 보상을 받지 못해 교육적 규범을 또 하나의 욕
구불만으로 인식한 아이는 더욱더 학습을 받아들이지 못할 것이다. 그
것 또한 추가적인 구속이 될 것이기 때문이다.

모든 것을 즉시 얻고, 당장의 쾌락에 집착하는 버릇없는 아이는 학
습에서도 동일한 어려움을 겪을 것이다.

규범을 차분하게 학습하는 것이 앞으로의 모든 학습에 중요한 영향
을 미친다는 사실을 알았을 것이다. 그러나 이러한 과정을 배우고 계
획에 던져진 아이는 현재와 앞으로의 삶에서 명백한 도구들을 갖게

된다. 이러한 도구들을 통해 아이는 자신이 넘어설 수 있음을 아는 어려움들을 극복하고, 다른 사람들을 존중할 것이기 때문에 사람들과 조화로운 관계를 맺을 것이다.

어떻게 하면 욕구를 주고 동기를 유발할까?

아이에게 동기를 부여하는 것은 교육적이고 감정적인 조건들에서 나오는가? 아마도 해답은 아이에게 하나 혹은 여러 가지 활동들에 대한 욕구와 관심을 주는 상호 작용들을 관찰함으로써 얻을 수 있을 것이다.

동기 부여는 학습 과정에서 가장 효과적인 출발 신호이다. 똑똑하다는 아이도 동기 부여가 잘되지 못할 수 있고, 따라서 학습에 전혀 재능을 보이지 못할 수 있다. 동기 부여는 학습 능력에서 기초가 되는 도구이다.

동기 부여는 두 가지 유형으로 구분할 수 있다. 특정한 과목이나 활동에 강한 관심을 유발하는 선택적인 동기 부여와, 전반적으로 여러 가지 분야에 동기를 유발하는 다원적인 것 두 가지로 말이다. 두번째 동기 부여는 여러 가지 분야에 다양하게 관심을 보이는 아이들에게 나타난다.

□ 선택적 동기 부여

어떤 특정한 활동에 초점을 맞춘 선택적 동기 부여는 일반적으로 공유된 쾌락 원칙에서 시작된다. 좀더 쉽게 설명한다면 성인(부모·교사·친구·체육 교사)이 자신의 관심 분야에 아이도 열정을 가지도록 한다. 이러한 경우에는 본보기가 큰 역할을 한다. 아이가 원예에 관심이 있다고 아이의 할머니나 할아버지가 부모에게 알려 주는 경우도 있다. 역사 교사──보통 자신의 직업에 매우 열정적인──가 아이가 그 과목에 매우 관심이 크다고 알려 주는 경우도 흔하다. 아이가 어떤 운동에 열의가 있다고 알려 주는 사람은 언제나 체육 교사이다.

상황은 다 다르지만 매번 간단히 설명할 수 있다. 아이는 어른이 느끼는 쾌락의 직접적인 관객이다. 아이는 다른 사람이 보여주는 적극적인 감정들을 모두 느낀다. 운이 좋게도 이 다른 사람이 아이에게 자신의 쾌락을 나눠 주는 것이다. 그는 아이를 그 활동의 주체가 되게 하고, 아이는 그 기분 좋은 활동의 주체가 됨으로써 그 활동을 '탐닉'하고 열정을 갖게 된다. 사샤 기트리의 이야기는 이러한 과정을 잘 보여준다.

사샤 기트리와 관련해서 우리는 그의 희곡에 대한 열정이 다른 것들, 우선적으로 학업에 대한 관심을 무너뜨렸다고도 말할 수 있다. 이러한 분석은 필연적으로 실제적인 성찰로 이어진다. 커다란 동기 부여는 성공의 주요한 동력으로서 지키는 것이 좋다. 어떤 활동에 관심을 보이면서도 학교 공부에는 우수하지 못한 아이들이 있다. 이러한 아이들에게는 열정의 목표에 도달하게 하는 다른 방법들을 줄 수 있다(나중에 루시의 경우를 살펴보자). 한 가지 중대한 문제는, 이 아이들은 자신들의 관심을 끌지 못하는 학교 공부를 매우 힘들어한다는 데 있다.

이러한 경우에 부모의 역할은 매우 중요하다. 부모는 아이의 교사들과 계속적으로 대화하면서 교사들이 덜 당황하고 걱정하도록 확신을 주고, 아이가 죄의식을 느끼지 않도록 할 수 있다. 이것은 학교에 대한 무관심을 계속 유지시키자는 것이 아니다. 아이가 어떤 예술 활동이나 수공예, 스포츠에 진정으로 재능이나 열의를 보인다면 의무 교육 과정을 힘들게 보내지 않고 최선을 다할 수 있도록 격려해 줄 수 있다.

　공유된 쾌락 원칙이 아이의 동기 부여에 있어서 눈길을 끄는 원천이

---

49) J. 하딩, 《놀라운 사샤 기트리 *Etonnant Sacha Guitry*》, Jacques Grandclerc, 1985; D. 드장티, 《사샤 기트리 *Sacha Guitry*》, Grasset, 1982.

라면, 항상 분명한 것은 아니지만 매우 강력한 동기 유발의 원천도 있다. 이러한 의미에서 루시의 사례는 모범이 될 만하다.

루시, 동기 부여로 모든 장애물을 극복하다

내가 루시를 다시 본 것은 텔레비전을 통해서였다. 루시는 기쁨으로 매우 밝아 보였다. 그도 그럴 것이 스무 살의 루시는 자신의 두번째 패션쇼를 얼마 전에 발표했다.

물론, 직업고등학교 졸업이라는 그녀의 배경은 보잘것없었다. 그러나 내가 볼 때 패션쇼는 그래도 상당히 수준 있었다. 이미 전문가다운 면모가 있었다. 나중에 들었지만 루시는 많은 시간을 준비했던 것이다. 모델들의 치수에 맞춰 도안하고 가봉하고 옷감을 고르고 재봉하면서 루시는 모든 것을 처음부터 스스로 해냈던 것이다. 그녀는 구상하고 재단하고 손질하여 마침내 자신의 꿈을 실현했다. 실제로 그녀의 꿈이었다. 루시가 늘 소망해 왔던 그것은 어떤 여정의 첫 단계였지 끝이 아니었다. 앞으로 보게 되겠지만, 거기에 도달하기 위해 루시에게 많은 용기와 인내, 그리고 무엇보다도 흠 없는 동기가 필요했다.

콩고 태생의 루시는 열두 살에 프랑스에 왔다. 프랑스어? 어릴 때 프랑스어를 쓰기는 했지만 초등학교에 다니면서 거의 잊었다. 학교에서 토착어를 썼기 때문이다. 게다가 학교에서는 1년 유급도 했다고 한다. 루시는 프랑스어를 거의 못하는 상태에서 열두 살에 프랑스에 왔고, 학습 수준도 초등학교 1학년, 여덟 살 어린이 수준이었다.

내가 루시를 처음 본 것은 그녀가 생샤를 학교에 왔을 때였다. 그녀의 학업 진로에 대해 문제가 제기되었다. 나이로 볼 때 루시는 초등학교에 1년 더 머물기란 불가능했다.

계량심리학의 관점에서 유럽의 심리학자는 아프리카 태생 아동과 대면하는 경우가 거의 없다. 실제로 우리가 살펴보았듯이 지능 검사는 모두 어느 정도는 특정 문화 유형과 관련 있다. 단지 실습 문제들뿐이라고 해도 말이다. 그 문제들 자체가 아이들이 취학 이전의 놀이를 통해 학습한 것일 수 있다. 당연히 나는 루시에게 구두시험도 거치게 하지 않았다. 구두시험 역시 특정한 문화나 교육과 완전히 연결되어 있기 때문이다. 제안된 또 다른 시험들(퍼즐·조립 등)도 마찬가지로 부적합하다. 아프리카 아이들은 유럽 아이들처럼 그러한 도구들에 일찍부터 친숙하게 접근하지 못했을 것이 분명하기 때문이다. 이러한 상황에서 루시의 IQ는 당연히 아주 낮았지만(75), 필자는 아이를 평가하는 데 있어서 그것을 제외시켰다. 반면에 아이와의 면담은 매우 흥미로웠다. 루시는 매우 적극적이고 밝으며 사교성 있는 소녀였고, 말을 하기가 어려움에도 불구하고 자신의 능력껏 최선을 다했던 것이다. 루시와 대화를 나누며 필자는 거침없이 물었다. "만약에 요정을 만난다면 뭘 부탁하겠니?" 루시는 바로 대답했다. "재봉틀이요! 왜냐하면 저는 디자이너가 되고 싶거든요." 그리고는 곧 이어서 다음과 같이 말했다. "잘 모르지만 텔레비전에서 봤어요." 열두 살짜리 아이가 자신이 뭘 하고 싶은지 정확하게 아는 경우는 매우 드물다. "벌써 시도해 봤지만 잘 그리지는 못해요. 다섯 살 때부터 하고 싶었어요"라고 말할 정도로 루시의 욕구는 매우 강했다. 그로부터 몇 년 뒤에 다시 만났을 때, 루시는 자신의 꿈을 더 명확히 말했다. "다섯 살 때 저는 디자이너라는 말을 배웠어요. 참 멋진 단어라고 생각했어요. 패션과 관련된 단어라는 것은 알았지만 정확하게 무엇을 의미하는지는 잘 몰랐어요. 하지만 아주 멋있는 단어였어요. 사람들이 커서 뭐가 되고 싶으냐고 물으면 저는 늘 패션 디자이너가 되겠다고 대답했어요." 루시가 그 마법의 단어의 정확한 의미를 배운 것은 프랑스에 와서였다. 스물 한 살의 루시는 '디자이너'라는 단어 말고, 무엇이 자신을 패션계로 이끌었는지 여전히 잘 모른다. 그저 그것이 멋있다고 생각했던 것이다.

그럼에도 불구하고 우리는 그녀가 그 단어를 들었을 때, 어떤 묘사와 상황·이미지도 함께 있었는데 지금은 잊었지만 그녀의 무의식 속에 매우 강한 반향을 남겼을 것이라고 추측할 수 있다. 하지만 이것도 가정일 뿐이다. 어쨌든 재미있는 사실은 필자가 눈사람을 그려 달라고 하자, 루시는 매우 세련되게 옷을 입혀 그려 주었다.

사랑스러운 나의 콩고 소녀의 이야기는 여기서 끝나지만, 여기에는 벌써 놀라운 사실이 있다. 다섯 살에 자신이 하고 싶은 일을 알고, 호의적인 환경도 아닌데, 열두 살에 그것을 큰 소리로 분명히 밝힌다는 것은 이미 놀랄 만한 일이다. 그 이후의 일도 더욱 놀랍다. 사실, 루시가 초등학교를 졸업한 뒤에 갈 수 있는 곳은 전문학교뿐이었다. 그곳은 몇몇 중등학교나 학교 진도를 따라가는 데 어려움을 겪는 아이들을 맡기 위해 마련된 곳이다. 학업 수준은 초등학교 1학년에, 언어에도 어려움을 겪고 있는 루시에게는 다른 도리가 없었다. 이렇게 해서 그녀는 전문학교에서 3년을 보내며 상당히 뒤처진 학업을 보충했다. 열여섯 살에 루시에게 주어진 교육 시스템은 끝났다. 루시는 자신의 미래에 대해 자문했다. 루시는 가족과 떨어져 있었기 때문에 이러한 자문은 더욱더 처절했다. 열여섯의 소녀가 무엇을 해야 할지 알지 못한 채 거리로 내던져진 것이다. 무엇을 해야 할지 모른다고? 그것은 아니었다. 그녀는 언제나, 그리고 지금도 패션 디자이너가 되고 싶었다. 그녀는 인접한 고등학교에서 의류 관련 직업교육수료증을 딸 수 있는 가능성이 있다는 사실을 들어서 알고 있었다. 그녀는 문의하고, 자신의 프랑스어와 수학의 기초 수준이 부족하다는 것을 알았다. 상관없었다. 그녀는 교장선생님을 찾아가, 자신의 손재주가 부족한 성적을 보충할 것이라고 설득했다. 그녀의 열정에 교장은 그녀를 받아들였다. 더욱 운이 좋게 그녀는 학교 기숙사에도 들어가게 되어 물질적인 부담도 덜게 되었다. 결국 루시는 직업교육수료증을 땄다. 그녀는 시험을 두 번 봐야 했지만 결국에는 합격하고야 말았다. 루시는 직업교육수료증이 있어 좋기는 하지만, 관련 분야 바칼로레아에 합격해야 패션 시장에서 더욱 확실한 보장을 받게 될 것이라고 말했다. 스물한 살의 루시는 바칼로레아 시험을 볼 것이다. 그 사이에 그녀는 두 번의 패션쇼를 가졌고, 자신의 목표에 도달하기 위해 실습과 연수를 더욱 많이 할 것이다. 순전히 학업 성적으로만 본다면 그녀는 열두 살에게 요구할 과정을 8년 만에 마쳤다. IQ 75로 말이다!

앞으로 루시는 어떻게 될 것인가? 단정하기는 어렵다. 그렇지만 추측할 수는 있다. 확실한 것은 그녀의 과거와 현재가 동기 부여의 힘과 하고자 하는 욕구를 잘 보여준다는 것이다. 그녀의 앞에 놓인 문화적·감정적 장애물들을 극복하게 해준 것은 그녀의 욕구였다. 이제 그녀는 말한다. "저는 부정적인 것들은 무시합니다. 단지 긍정적인 것들에만 관심을 갖지요." 그녀는 최근에 가정을 이루었다. 한 청년을 만나 1년 전부터 함께 살고 있다. 그녀는 언제나 밝은 모습이다. "일이 잘 안 될 때는 그림을 그려요. 그러면 행복해요"라고 그녀는 말한다. 나도 그 말을 믿는다.

□ 행복한 동기와 덜 행복한 동기

모든 메달에는 이면이 있고, 동기도 이러한 규칙에서 벗어나지 않는다. 우리가 살펴보았듯이 행복한 동기가 있으며, 덜 행복한 동기도 존재한다. 이러한 동기는 주로 보상의 형태로 표현된다. "다 돼지만 그것만은 안 돼!" 혹은 "다 돼지만 더 이상 그것은 안 돼!" "특히 그처럼은 안 돼!"라고 말이다. 이러한 유형의 동기 부여는 무언가 혹은 누군가에 반해서 형성된다. 그리고 긍정적이고 건설적인 추진력보다는 방어 기제에 의해서 발생한다. 사회적인 차원에서 그것이 매우 긍정적인 것은 사실이다. 부모가 실패한 영역에서 성공한다는 것 말이다. 하지만 이것 역시 부정적일 수 있고, 소외 현상으로 나타날 수 있다. "틀에 맞춰 하지 마!"

이 불행한 동기 부여의 기원을 좀더 자세히 살펴보면, 한 개인의 불행한 상황 또는 관계를 볼 수 있다. 앞에서 언급했듯이 어떤 분야에 열정이 있는 교사는 자신의 즐거움을 함께 나누고자 해서 아이들을 자신의 분야로 이끈다. 그러나 자신의 지식을 결코 나누어 주고자 하지 않는 열정적인 교사들도 있다(대학교에서는 이러한 유형의 교수들을 더 많이 볼 수 있다. 그 단계에서는 학생들이 점점 더 교사와 수준이 가까워지기 때문에 무의식적인 방어 기제가 학생이 자신의 지식에 도달하고 자신을 넘어서는 것을 막으려고 한다고 말할 수 있다). 이러한 이기적인 교사들은 학생들에게 동기를 부여하는 대신에 반대로 동기를 꺾으려 하기 때문에, 자신의 영역에 대해서는 싫증을 느끼게 한다.

가정에서 부모가 직업이나 어떤 분야에 매우 열정적이어서 부모를 거의 못 보는(언제나 일을 하고 있거나 회사에 있어서) 아이는, 다른 사람의 열정으로 인해 고통을 겪기 때문에 정확히 그 반대로 행하거나 말하고 싶어할 수 있다. 예를 들면 "무엇 때문에 일하지? 가정 생활을 하지 않기 위해서인가?"라고 말이다. 그 결과 전혀 다른 것에 관심을 갖거나 배우려고 하지 않을 것이다.

차분하고 행복한 동기는 다른 사람들과의 협력과 나눔에서 확립된다. 당신의 열정을 자녀와 나눔으로써 당신은 아이에게 그 무엇과도 비할 수 없는 도움을 주게 된다. 그러지 못했다고? 그렇다면 나누기 좋아하는 열정적인 교사와 함께 스포츠나 문화 활동을 찾아라. 훌륭한 교사 또는 교육자는 이 분야에서 자신의 열정과 개방성을 증명해 보일 것이다. 그는 아이를 볼모로 잡지 않을 것이고, 당연히 아이를 존중하며, 특정한 분야에 대해 자신이 느끼는 기쁨을 본보기로 보여 줄 것이고, 어떻게 하면 아이가 조금씩 자신의 수준에 도달하고 그 활동을 통해 기쁨을 느낄 수 있는지 알려 줄 것이다.

□ 다원적 동기 부여

다원적 동기 부여에서는 전반적인 호기심이 기초가 된 다양한 관심을 고려한다. 이렇게 다양한 동기 부여는 관심 영역이 다양하고 타인이나 환경에 폭넓게 열려 있는 아이——성인은 물론이고——에게서 찾아볼 수 있다. 이러한 아이는 학교에서, 모든 분야에서 그리 뛰어나지는 않지만 불안해하지 않고 구체적인 관심을 가지고 상당히 즐거워하며 접근한다. 이러한 아이들에게서는 어떤 특정한 과목에 대한 특별한 동기를 발견할 수 있지만, 그것이 다른 것들을 배우는 데 방해가 되지도 않는다. 이러한 아이들은 주변의 모든 것들에 많든 적든 관심을 가진다. 이 아이들의 감정적이고 교육적인 관계들은 어떠한 특징이 있는가? 가정에서 이 아이들에게 관심을 갖고, 아이들을 가정 생활의 완전한 주체로 대해 주었던 것이다.

일반적으로 선택적 동기 부여에서는 어떤 한 가지 활동에 대하여 쾌락을 공유하는 것을 볼 수 있다. 그러나 다원적 동기 부여는 주변의 모든 활동을 공유하는 데서 그 근원을 찾을 수 있다. 그리고 그 수많은 효용에 대해 언급했던 대화를 찾을 수 있다. 계획의 개념도 찾을 수 있다. 아이의 호기심이 북돋워지고, 지나치지 않게 고무된다. 아이의 호기심의 첫번째 자극제로서의 놀이도 빠뜨릴 수 없다.

□ 선택적 동기 부여 혹은 다원적 동기 부여?

그렇다면 아이에게 어떠한 동기 부여를 중시해야 하는가? 나는 당신이 줄 수 있는, 또는 양도할 수 있는 것을 우선적으로 주라고 대답하겠다. 그럼에도 불구하고 감정적인 무의식을 고려하지 않고 단지 교육적인 측면만을 생각한다면 다원적인 동기 부여를 주기가 훨씬 쉬울 것이라고 생각할 수 있다. **요약하자면, 당신의 아이가 당신과 다른 사람들, 그리고 주변 환경에 관심이 있다면 우선 아이에게 관심을 가져야 한다.** 더욱이 다원적인 동기 부여는 아이에게 현재 학교 생활에, 그리고 앞으로의 삶에 도움이 되는 조건들을 더 많이 줄 수 있다.

다른 활동들을 희생시키는 선택적인 동기 부여는 학년이 올라감에 따라 아이를 어려움에 처하게 할 수 있다. 그러나 다원적인 동기 부여에는 그러한 위험이 전혀 없다.

학교 공부 외의 활동을 절대로 소홀히 하지 마라

놀이가 다양한 분야에 관심을 갖게 하는 첫번째 동인이라면, 스포츠와 수공예, 예술 활동은 놀이의 연장이라고 할 수 있다. 이러한 활동들——오늘날까지도 쓸데없거나 부차적이며 완전히 무용하다고까지 여겨지는——이 수많은 직업의 원천임을 자각해야 한다. 이러한 과목들은 학업의 리듬을 위해서라며 도입하는 학교들이 점점 많아지고 있는데, 앞으로는 소위 지적인 활동이라는 과목들과 최소한 동등한 중요성을 갖게 될 것이다. 필자가 이 책 서두에서부터 언급했듯이 앞으로 여가가 점점 많아질 것이 확실하기 때문이다. 노동 시간은 150년 만에 반으로 줄었고 앞으로도 불가피하게 줄어들 것이다. 그렇게 되면 여가를 즐기기 위해 유능한 전문가를 찾게 될 것이다. 스포츠나 예술 활동을 하며 자란 아이는 미래를 맞는 데 부가적인 조건을 하나 더 소유하게 될 것이 확실하다. 경쟁이나 시합을 의미하는 게 아니다. 전적으로, 그리고 무엇보다도 쾌락을 위한, 게다가 앞으로의 쾌락을 위한 활동을 의미한다.

결론: 당신의 아이에게
어떤 지능을 줄 것인가?

지능이란 하나가 아니라 여러 가지이다. 그리고 더 우월한 지능도 없다. 단지 일정한 시기에 사회문화적인 상황에 따라서 보다 가치가 높게 매겨지는 지능이 있을 뿐이다.

전반적으로 우리는 자녀의 지능이 차분하게 기능하기 위해 세 가지의 기본적인 도구가 필요함을 살펴보았다. 즉 생리적인 조건(이것의 매체는 뇌이며, 효력은 어느 정도 IQ로 측정된다)과 감정적인 조건, 교육적인 조건이다. 지능의 감정적인 조건을 통해 아이는 지적 활동과 학업, 관계적이고 환경적인 활동에 전념할 수 있는 심리적인 안정감을 갖는다. 교육적인 조건은 아이가 자라면서 변하는 생활 환경의 규칙들을 알게 한다. 이러한 규칙들은 아이를 존중하면서 부여할 수 있다. 그리고 이러한 존중을 통해 아이도 우리를 존중하게 가르칠 수 있다.

지능의 감정적이고 교육적인 조건들은 IQ로 '측정' 되는 지능을 습득하고 사용하는 데 없어서는 안 되는 것들이다. 생리적인 지능은 감정적이고 교육적인 지능의 원천인 욕구나 적성이 없다면 아무 소용없다.

지능에는 또 차분한 지능과 방어적인 지능이 있다. 차분한 지능은 쾌락과, 타인과 세상에 대한 개방성에서 만들어진다. 방어적인 지능은 감성적·교육적 지능 발달을 방해할 수 있는 모든 것들을 향해 대결하고 성공하게 하는 한 수단이다. 방어적인 지능은 사회적으로 두각을 보일 수 있겠지만, 개인의 측면에서 행복한 것은 분명 아니다.

가장 중요한 것은 아이가 스스로, 그리고 타인과의 관계에서도 만족해야 한다. 이것은 전반적으로 차분하고 조화로운 발달을 위해 필요 불가결한 조건이다. 동시에 이러한 조건에서 아이는 적절한 지능을 획득하고 최대한 활용할 수 있을 것이다. 부모라면 마땅히 세심히 주의를 기울여야 한다. 곧 선행하는 것을 혼동해서는 안 된다. **지능, 차분한 지능은 개인적이고 관계적인 행복의 결과일 뿐이다. 결코 그것의 원인이 아니다.**

아이에게 차분하고 행복한 지능을 주려고 생각한다는 것은 우선, 어떻게 하면 아이에게 함께 사는 기쁨을 줄 수 있을지 자문해 보는 것이다.

인간 관계에서 늘 그렇듯이 아이의 지능을 형성하는 것은, 단순히 머리의 문제가 아니라 우선적으로 마음의 문제이다.

역자 후기

우리 아이들에게 행복한 지능을

얼마 전 영국의 한 교수가, 소위 'IQ 세계 지도'라는 것을 만들어 발표했다. 그것에 따르면 대륙별·인종별로 IQ에 차이나는데, 한국·중국·일본을 비롯한 동북 아시아인들의 지능지수가 가장 좋고 그 다음은 유럽인들이며, 아프리카나 남미 원주민들의 지능지수는 가장 낮다. 그 연구방법과 평가 기준, 가치 등은 정확히 모르지만 오해와 인종적 편견이 크게 작용했고, '감성 지능'의 중요성이 대두하고 IQ가 서구 문화 중심적인 학습 규범을 측정하는 데 불과하다는 지적이 크게 인정받고 있는 이때에 그다지 신빙성이 없는 연구와 분석이라는 생각이 든다.

본서는 지능과 관련해 여전히 편견과 오해가 많은 이때에, 자녀들이 다방면에서 능력을 발휘하고 원만하고 행복한 사회 생활과 자기 성취를 하도록 돕고자 하는 부모들에게 큰 도움을 줄 것이다. 프랑스에서 아동 교육과 상담 분야에서 크게 인정받고 있는 권위자로서 현장 활동과 연구를 바탕으로 꾸준히 자녀 교육서들을 내고 있는 저자, 장 뢱 오베르는 이 책의 기본 전제로서 지능을 다수로 본다. 그래서 지능들이라고 복수로 불러야 한다고 주장한다.

그는 어느 정도 타고나며 어릴 때 형성되는 생리적 지능에 그리 큰 비중을 두지 않는다. 우리가 보통 IQ라 부르는 교육적 지능도 감정적 지능, 즉 EQ라 부르는 감성 지능에 비하면 아이의 앞날에 그리 큰 영향을 미치지 못한다. 생리적 지능과 교육적 지능이 뛰어난 아이들이 감정적인 문제로 인해 학교 공부를 따라가지 못하고, 반면에 앞의 지능들이 별로 높지 못해도 차분하고 조절된 감정적 지능 덕에 원만하고 행복하게 학교 생활을 하고 학업을 성취해 나가는 예화들을 보면 그 이유를 알 수 있을 것이다. 여기에 덧붙여 긍정적이며 다원적인 동기 부여가, 소위 지식을 다루는 과목뿐만이 아니라 예체능 과목들이 더욱더 중요시되는 21세기 사회에서 얼마나 중요한 역할을 하는지 알게 될 것이다.

"머리는 좋은데, 노력을 안 해요!" IQ에 비해 성적이 좋지 못한 아이들을 두고 부모들이나 교사들이 흔히 하는 하소연일 것이다. 중요한 것은 지능지수가 아니라 정서적인 안정과 긍정적인 동기 부여인 것이다. 이제 우리 아이들이 왜 그런지 바로 알고 대처해 아이들에게 행복한 지능들을 계발시켜 주었으면 하는 바람이다.

2007년 4월 박선주

박선주
세종대학교 국어국문학과 졸업
이화여자대학교 통번역대학원 한불번역과 졸업
역서 : 《철학에 입문하기》《영화의 목소리》
《사물들과 철학하기》《하늘에 관하여》

문예신서
2009

머리는 좋은데, 노력을 안 해요

초판발행 : 2007년 4월 2일

東文選

제10-64호, 78. 12. 16 등록
110-300 서울 종로구 관훈동 74번지
전화 : 737-2795

ISBN 978-89-8038-599-7 94370

【東文選 現代新書】

42 龍鳳文化源流	王大有 / 林東錫	25,000원
43 甲骨學通論	王宇信 / 李宰碩	40,000원
44 朝鮮巫俗考	李能和 / 李在崑	20,000원
45 미술과 페미니즘	N. 부루드 外 / 扈承喜	9,000원
46 아프리카미술	P. 윌레드 / 崔炳植	절판
47 美의 歷程	李澤厚 / 尹壽榮	28,000원
48 曼茶羅의 神들	立川武藏 / 金龜山	19,000원
49 朝鮮歲時記	洪錫謨 外/李錫浩	30,000원
50 하 상	蘇曉康 外 / 洪 熹	절판
51 武藝圖譜通志 實技解題	正 祖 / 沈雨晟・金光錫	15,000원
52 古文字學첫걸음	李學勤 / 河永三	14,000원
53 體育美學	胡小明 / 閔永淑	18,000원
54 아시아 美術의 再發見	崔炳植	9,000원
55 歷과 占의 科學	永田久 / 沈雨晟	8,000원
56 中國小學史	胡奇光 / 李宰碩	20,000원
57 中國甲骨學史	吳浩坤 外 / 梁東淑	35,000원
58 꿈의 철학	劉文英 / 河永三	22,000원
59 女神들의 인도	立川武藏 / 金龜山	19,000원
60 性의 역사	J. L. 플랑드렝 / 편집부	18,000원
61 쉬르섹슈얼리티	W. 챠드윅 / 편집부	10,000원
62 여성속담사전	宋在璇	18,000원
63 박재서희곡선	朴栽緒	10,000원
64 東北民族源流	孫進己 / 林東錫	13,000원
65 朝鮮巫俗의 研究(상・하)	赤松智城・秋葉隆 / 沈雨晟	28,000원
66 中國文學 속의 孤獨感	斯波六郎 / 尹壽榮	8,000원
67 한국사회주의 연극운동사	李康列	8,000원
68 스포츠인류학	K. 블랑챠드 外 / 박기동 外	12,000원
69 리조복식도감	리팔찬	20,000원
70 娼 婦	A. 꼬르뱅 / 李宗旼	22,000원
71 조선민요연구	高晶玉	30,000원
72 楚文化史	張正明 / 南宗鎭	26,000원
73 시간, 욕망, 그리고 공포	A. 코르뱅 / 변기찬	18,000원
74 本國劍	金光錫	40,000원
75 노트와 반노트	E. 이오네스코 / 박형섭	20,000원
76 朝鮮美術史研究	尹喜淳	7,000원
77 拳法要訣	金光錫	30,000원
78 艸衣選集	艸衣意恂 / 林鍾旭	20,000원
79 漢語音韻學講義	董少文 / 林東錫	10,000원
80 이오네스코 연극미학	C. 위베르 / 박형섭	9,000원
81 중국문자훈고학사전	全廣鎭 편역	23,000원
82 상말속담사전	宋在璇	10,000원
83 書法論叢	沈尹默 / 郭魯鳳	16,000원

1001 베토벤: 전원교향곡	D. W. 존스 / 김지순		15,000원
1002 모차르트: 하이든 현악4중주곡	J. 어빙 / 김지순		14,000원
1003 베토벤: 에로이카 교향곡	T. 시프 / 김지순		18,000원
1004 모차르트: 주피터 교향곡	E. 시스먼 / 김지순		18,000원
1005 바흐: 브란덴부르크 협주곡	M. 보이드 / 김지순		18,000원
1006 바흐: B단조 미사	J. 버트 / 김지순		18,000원
1007 하이든: 현악4중주곡 Op.50	W. 딘 주트클리페 / 김지순		18,000원
1008 헨델: 메시아	D. 버로우 / 김지순		18,000원
1009 비발디: 〈사계〉와 Op.8	P. 에버렛 / 김지순		18,000원
2001 우리 아이들에게 어떤 지표를 주어야 할까?	J. L. 오베르 / 이창실		16,000원
2002 상처받은 아이들	N. 파브르 / 김주경		16,000원
2003 엄마 아빠, 꿈꿀 시간을 주세요!	E. 부젱 / 박주원		16,000원
2004 부모가 알아야 할 유치원의 모든 것들	N. 뒤 소수아 / 전재민		18,000원
2005 부모들이여, '안 돼' 라고 말하라!	P. 들라로슈 / 김주경		19,000원
2006 엄마 아빠, 전 못하겠어요!	E. 리공 / 이창실		18,000원
2007 사랑, 아이, 일 사이에서	A. 가트셀·C. 르누치 / 김교신		19,000원
2008 요람에서 학교까지	J.-L. 오베르 / 전재민		19,000원
2009 머리는 좋은데, 노력을 안 해요	J.-L. 오베르 / 박선주		17,000원
3001 〈새〉	C. 파글리아 / 이형식		13,000원
3002 〈시민 케인〉	L. 멀비 / 이형식		13,000원
3101 〈제7의 봉인〉 비평 연구	E. 그랑조르주 / 이은민		17,000원
3102 〈쥘과 짐〉 비평 연구	C. 르 베르 / 이은민		18,000원
3103 〈시민 케인〉 비평 연구	J. 루아 / 이용주		15,000원
3104 〈센소〉 비평 연구	M. 라니 / 이수원		18,000원
3105 〈경멸〉 비평 연구	M. 마리 / 이용주		18,000원

【기 타】

▨ 모드의 체계	R. 바르트 / 이화여대기호학연구소		18,000원
▨ 라신에 관하여	R. 바르트 / 남수인		10,000원
▨ 說 苑 (上·下)	林東錫 譯註	각권	30,000원
▨ 晏子春秋	林東錫 譯註		30,000원
▨ 西京雜記	林東錫 譯註		20,000원
▨ 搜神記 (上·下)	林東錫 譯註	각권	30,000원
■ 경제적 공포[메디치賞 수상작]	V. 포레스테 / 김주경		7,000원
■ 古陶文字徵	高 明·葛英會		20,000원
■ 그리하여 어느날 사랑이여	이외수 편		4,000원
■ 너무한 당신, 노무현	현택수 칼럼집		9,000원
■ 노력을 대신하는 것은 없다	R. 쉬이 / 유혜련		5,000원
■ 노블레스 오블리주	현택수 사회비평집		7,500원
■ 딸에게 들려 주는 작은 지혜	N. 레흐레이트너 / 양영란		6,500원
■ 떠나고 싶은 나라―사회문화비평집	현택수		9,000원
■ 미래를 원한다	J. D. 로스네 / 문 선·김덕희		8,500원